大学英语教学与跨文化思辨能力的培养

段 萍 著

中国商务出版社
CCTP
CHINA COMMERCE AND TRADE PRESS

图书在版编目（C I P）数据

大学英语教学与跨文化思辨能力的培养 / 段萍著
. -- 北京 : 中国商务出版社, 2021.1（2023.8重印）
ISBN 978-7-5103-3731-4

Ⅰ. ①大… Ⅱ. ①段… Ⅲ. ①英语－教学研究－高等
学校 Ⅳ. ①H319.3

中国版本图书馆 CIP 数据核字(2021)第 023429 号

大学英语教学与跨文化思辨能力的培养
DAXUE YINGYU JIAOXUE YU KUAWENHUA SIBIAN NENGLI DE PEIYANG
段萍 著

出　　版：中国商务出版社
地　　址：北京市东城区安定门外大街东后巷 28 号　　邮编：100710
责任部门：职业教育事业部（010-64218072　295402859@qq.com）
责任编辑：周青

总 发 行：中国商务出版社发行部 （010-64208388　64515150 ）
网　　址：http://www. cctpress. com
邮　　箱：cctp@cctpress.com

排　　版：正思工作室
印　　刷：河北赛文印刷有限公司
开　　本：787 毫米×1092 毫米　1/16
印　　张：9.25　　字　　数：192 千字
版　　次：2021 年 7 月第 1 版　　印　　次：2023 年 8 月第 2 次印刷
书　　号：ISBN 978-7-5103-3731-4
定　　价：45.00 元

凡所购本版图书有印装质量问题，请与本社总编室联系。（电话：010-64212247）

前　言

PREFACE

作为第一外语的英语在高等学校升学考试中，已经和其他主要科目的位置同等重要。以此为导向，我国的学生从小学就开始学习英语，即使是到了大学，英语也是每个专业的必修课程。本书主要从大学英语教学和大学生思辨能力培养模式构建等方面展开论述。

大学英语教学在文化传承上有着重要的媒介作用。也就是说大学英语教学不仅需要学生了解本国的文化，还要在认识本国文化的基础上，积极吸收不同国家文化的精华，从而为大学生日后的跨文化交际打下良好的基础。在跨文化交流中，我们要学会“取其精华，去其糟粕”。随着互联网的快速发展，国家和社会越来越需要具有创新精神和创新能力的创新型人才。所以，这类人才逐渐成为国际社会竞争的焦点。培养创新型人才的关键就在于提高其思辨能力。因此，在大学英语教学中培养学生的思辨能力具有重要的现实意义。在我国现阶段，大学英语教学改革正处于关键时期，以培养大学生思辨能力为导向，全面推进英语教学模式、测试评价、师资发展等方面的探索和创新是推动英语教学改革的重要因素。除听力、口语技能之外，阅读、写作与翻译技能也是大学英语技能教学的重要组成部分。最后，需要特别说明的是，将大学英语教学中的阅读教学、写作教学、翻译教学与思辨能力的培养有机结合在一起，不仅有利于学生英语技能的全面发展，还能大大提高学生对英语的灵活运用能力。所以，在大学英语教学中对大学生跨文化思辨能力的培养刻不容缓。

由于时间和精力有限，书中不足之处，敬请各位同仁批评指正，以便再版修订时进一步完善。

目 录
CONTENTS

第一章　大学英语教学概述

第一节　大学英语教学理论

一、概述

掌握英语教学理论是成为一名优秀英语教师必须具备的基本素质。英语教师只有掌握好英语教学理论，并将理论和实际教学相结合，才能真正实现英语教学的目的。没有理论做支撑的老师，永远只能当教书匠。

英语教学的基本理论主要有：

（一）中介语（Interlanguage）

中介语是指第二语言学生建构起来的介于母语和目的语之间的过渡性语言，它从二语习得者的心理出发，并与具体的语言环境相结合，处于不断地发展变化过程中，逐渐向目的语靠近。中介语具有反复性、动态性、系统性、开放性、灵活性、过渡性和石化现象等特点。这些特点要求英语教师在教学中要根据语言能力发展的固定次序来设计自己的教学目标，不能把目标定得太高。

（二）对比分析（Contrastive Analysis）

对比分析理论认为，学生先前学习的知识影响以后知识的学习，这种影响就是迁移。外语学习是一种从母语习惯向外语习惯转移的过程，母语与目标语差别越大，学习过程中就越容易犯错误；母语与目标语越相似，学生学起来就越容易。

根据这一理论，教师在教学中要努力促成语言的正迁移，减少语言的负迁移。

（三）输入理论（Input Theory）

Stephen Krashen 的输入理论包括习得与学习假设（Acquisition-learning Hypothesis）、自然顺序假设（Natural Order Hypothesis）、情感过滤假设（Affective Filter Hypothesis）、监察假设（Monitor Hypothesis）和输入假设（Input Hypothesis）等。输入假设认为语言的能力是随着时间推移和不断接触理解性输入后自然形成的。理

解的输入应具备可理解性（Comprehensive）、趣味相关性（Interesting and Relevant）、非语法程序（Not Grammatically Sequenced）和足够输入（i+1）。输入理论要求教师在授课时要以学生为中心，强调习得和学习的结合，大量进行理解性输入，重视情感教育和语法教学，先教听读，后教说写，授课时合理使用母语。

（四）建构主义（Constructivism）

建构主义主张语言是通过使用来学习的，学习的结果是认知结构的重新建构或改组，学习总的过程是新旧知识相互作用的同化过程，影响学习最重要的条件是原有知识结构的性质。建构主义有图式、同化、顺应和平衡四个过程。建构主义学习环境有“情境”“协作”“会话”和“意义建构”四大要素。建构主义学习理论影响下形成的教学模式主要有抛锚式教学（Anchored Instruction）模式、支架式教学（Scaffolding Instruction）模式、随机访取教学（Random Access Instruction）模式等。建构主义要求教师在教学中以学生为中心，强调“情境”对意义建构的重要作用，主张“协作学习”，充分利用各种信息资源来支持学生的“学”，最终完成意义建构。

（五）认知信息处理理论（Cognitive Information Processing Theory）

认知信息处理理论把人看作一个信息处理器，而人的学习行为就是一个信息输入、编码、加工储存、提取和使用的过程。在外语学习中，学生对信息的处理有自动加工（Automaticity）和重新构建（Restructuring）两个关键点。外语学习的习得过程既是对语言处理从控制到自动的过程，也是对语言知识结构的重新构建。因此，在英语教学中要关注学生已有的信息或认知图式，把知识组织成有意义的模块，减少机械学习，促进学生编码和记忆。

（六）连接理论（Connectionism）

连接理论认为语言学生的神经网络是模拟人脑神经系统的一组相互连接的神经元，构建起由输入层（Input Layer）、内隐层（Hidden Layer）和输出层（Output Layer）组成的思维系统，并且各层之间有大量的连接网络。学生在语言输入过程中对规律性的内容很敏感，并根据这些规律提炼出概括性的模式，当这些模式被反复激活时，学习就发生了。为此，教师在教学中要关注母语对英语学习的影响，强化学生大脑网络的自动加工，对学生进行监督学习、强化学习和无监督学习。

（七）认知神经科学理论

（Cognitive Neuroscience Theory/Complementary Hemispheric Theory）

认知神经科学理论是脑内认识活动过程和脑机制的科学，包括知觉、注意、运动、语言、记忆、思维和意识等人类与动物认知的心理学，以神经科学为基础的脑智研究。这种理论把行为、认知和脑机制三者有机结合起来，不仅提出大脑两半球各司其职，更强调两者的互补性，也就是双脑分工互补理论。老师在教英语时，要推行双脑外语教学模式，遵循模式流动性和模式中心性原则，充分开发左右脑，提高学生英语水平。

（八）社会文化理论

社会文化理论认为，个体的认知发展是通过人与社会环境之间的交换来实现的，单纯的语言输入不能保证语言习得的发生，语言输入只有结合具体的情景和行为等因素才能促成语言习得的形成。英语教学中的社会文化理论主要包括互动理论、任务性学习理论、关注语言学习的教学思想、对话理论、文化适应理论和活动理论等。社会文化理论提醒英语教师在工作中要重视文化因素，强调学生内部因素和外部因素的相互作用。

（九）英语学生理论

英语学生理论认为，英语学习是一个复杂的过程，英语学生的自身因素起着重要作用。这些自身因素主要包括动机（Motivation）、态度（Attitude）、学习策略（Learning Strategy）、年龄（Age）、第一语言的发展（The First Language Development）、智力（Intelligence）、外语天赋（Foreign Language Aptitude）、个性（Personality）、学习风格（Learning Style）和学生的焦虑（Learning Anxiety）等。根据学生理论，教师在教学中要对学生进行归因训练，激发学生内在的学习动机，纠正学生不良的学习态度，因人而异，区别对待，降低学生的情感障碍，重视智力差别，实行多元智力教学法，强化努力在语言学习中的重要性。要改革教学模式，关注学生学习风格差异，实施不同教学策略，根据学生年龄特点和性格进行英语教学。

总之，英语教学理论有很多方面，是一个完整和充满变化的系统，在教学中，教师要用恰当的教学理论指导自己具体的教学实践，有效进行英语教学。

二、教学理论的实践运用

（一）输入理论的运用

按照 Stephen Krashen 的可理解性（Comprehensive）、趣味相关性（Interesting and Relevant）、非语法程序（Not Grammatically Sequenced）和足够输入（i+1）的输入理论，教师在设计英语课堂上的举例时应遵循兴趣、情境和相关三个原则。

1．兴趣原则

（1）利用英语本身的语言特征：多义词、近义词、反义词、词族、谐音、押韵、对比等。

①讲解动词saw时：I saw a saw saw a saw.

②讲解非谓语动词作定语时：The building built last year broke down.

③讲解 used to 与 be used to 的区别时对比句子：I used to get up late，but now I am used to getting up early.

（2）利用英语文化材料：格言、谚语、俗语、隐喻等。

①讲解定语从句：He laughs best who laughs last.

②讲解动词ing形式：Seeing is believing.

③讲解 worth：A bird in hand is worth two in the bush.

④讲解 symbol：In English，white is a symbol of purity.

（3）利用学生生活中的人与事。

①讲解比较级（用班上同学进行对比）：Wang Bin is taller than Yu Chen. Li Qiang is the tallest in our class.

②讲解虚拟语气（谈论学生刚参加的运动会）：If Han Wei had not fallen to the ground，he would have won the first place in the 400-meter race.

③讲解 especially（评论学生用餐浪费现象）：As high school students，we should not waste food，especially at a time when thousands of students are suffering from hunger.

④讲解集体名词主谓一致（结合班级情况）：Our class is a good one，because the whole class are listening to the English teacher carefully now.

2．情境原则

（1）利用真实情境。

①讲解 be followed by 时利用学生的反应：My question was followed by Li Juan's perfect answer.

②讲解方位词时，结合学校的真实布局，使用in the east/north/west/south of进行举例：Teaching building is in the south of the school. The gym is in the north of the school.

③讲解名词性从句时，结合学校的改造工作：A new teaching building is being built in what used to be a parking lot.

（2）利用想象创设情境。

①讲解虚拟语气时，教师提出 If there had been a heavy rain yesterday，what would you have done等问题引导学生回答。

②讲解定语从句时，让学生完成句子：I wish to have a friend who...

③区别 not a bit 与 not a little，选用下列句子讲解：David likes making fun of others and we don't like him at all. He is not a bit good. He is not a little bad.

（3）对比语境，探析含义。对比不同的搭配，从本意推导出引申义。

Does smoking contribute to lung cancer？

He has contributed several poems to a magazine.

Everyone contributes what he can to the people in need.

（4）利用图片、影像创设情境。比如用图片讲解in the north of， on the north of，to the north of：Canada is on the north of the USA. Beijing is in the north of China. Shandong is to the north of Guangdong.

3．**相关原则**

（1）新旧知识的对比与联系。

①讲解 at table 用法时，可联系 at the table 举例：They are sitting at table. We are sitting at the table.

②讲解endangered的用法时，可比照 dangerous，in danger 进行举例：These dangerous tigers are now in danger. And we need to do something to protect these endangered animals.

③讲解puzzle时，联系其形容词形式 puzzled，puzzling：The teacher's puzzling question puzzled me. I am feeling rather puzzled now.

（2）同义、近义、反义等的比较。

①讲解rob与steal：When he was still a boy，he stole things from his neighbors. When he grew up，he once robbed a bank of one million dollars. Now he is living in prison.

②区别alone与lonely：I'm alone, but I don't feel lonely.

（3）归纳知识。

①讲解 make a promise 时，归纳 make a noise，make a mistake，make a fool of：We make a promise not to make a noise in the classroom and not to make a fool of our friends. We make a promise not to make these mistakes again.

②讲解强调句型：

The police arrested the thief in this house yesterday night.

It was the police who arrested the thief in this house yesterday night.

It was the thief who the police arrested in this house yesterday night.

It was in this house that the police arrested the thief yesterday night.

（二）中介语理论的运用

根据中介语理论，为了避免英语学生由于受母语影响和干扰而将汉语的语法规则与习惯硬套入英语，而产生不合规范和不合英语文化习惯的畸形英语，在初级阶段英语教学中，教师要注意以下事项：

（1）充分利用情感因素：强化兴趣教学，消除学生情感障碍，强化动机诱导。

（2）加大目的语的文化传授，减少母语干扰：消除文化障碍，在学习环境中限制学生汉语思维，培养他们用英语思维的习惯，维持肯定迁移，避免"although...but..."等跨语种错误。

（3）不能过度使用目的语的语法规则，正确对待学生所犯错误：过分使用或者简化目的语的语法规则容易使学生在运用语言时犯错。教师既要考虑初级阶段学生习得语言的准确性及流利性，也要及时指出学生所犯错误，但不能过分否定认知反馈。

（4）掌握科学教学方法，优化课堂语言输入：尽可能使用相对地道的教学材料，有效地使用网络辅助教学，减少语言输入的负面影响。

（5）重视教材因素：选择口语和书面语明确、英式英语或美式英语各自独立的教材，并且教材内容要实际。

（三）建构主义理论的运用

建构主义关注学习中新旧经验的相互作用。教师应该把学生原有的知识经验作为新知识的生长点，引导学生从原有的知识经验中增长新的知识经验。

1．利用旧知初步认识定语从句的概念和特征

（1）They are talking about the beautiful girl.（定语是一个词）

（2）They are talking about the beautiful girl who wears a red dress.（定语是一个句子）讲解定语从句的基本用法。

2．比较简单句、并列句和含有定语从句的复合句，加深对定语从句的理解

（1）The book was interesting.（简单句）

（2）I saw the book last night.（简单句）

（3）The book was interesting and I saw it last night.（并列句）

（4）The book that I saw last night was interesting.（含有定语从句的复合句）分析句子结构，找出不同点，引导学生认识定语从句。

3．强化对比训练，归纳总结

（1）The house which/that was damaged in the fire will be rebuilt.

（2）The lady whom/that you met on our campus yesterday is from America.

（3）The man whose left leg was hurt is in hospital now.

（4）This is the school where I studied ten years ago.

（5）He came at a time when we were badly in need of help.

（6）The reason why he did that was unacceptable.

4．用分合法引导学生掌握定语从句关系词的句法功能

让学生将已学知识与新知识联系起来，构建学生新的认知图式，使学生的认知结构 从“平衡”到“不平衡”再到“新的平衡”。

（1）分解句子。将句子“The man who lives next door to me is a shop assistant”分解成“The man is a shop assistant”和“The man lives next door to me”。

（2）合并句子。一看“先行词”确定人或物；二分析“先行词”的句法功能，确定使用关系代词还是关系副词；三是合并句子。

5．用竞赛游戏引导学生灵活运用定语从句

有效运用建构主义“情境”“协作”“会话”和“意义建构”的四大要素来巩固定语从句。

如教师问：“What do we call a person who cuts men’s hair？”学生答：“A barber.”要求另一个学生给出完整的定义：“A barber is a person who cuts men’s hair.”以此类推。

（四）对比分析理论的运用

在英语教学中教师要根据对比分析理论，运用好语言的正迁移。

1．寻找单词构成规律

比如单词apple“加一加”就成了pineapple；单词worker“减一减”就成了work；单词 some“换一换”就成了same。教单词“farm”时，教师可以这样设计：

T：I visited a farm last Sunday. （Present the phrase of “the farm”.）

S1：I know this word “farm” because of “farmer”.

S2：I remember. What’s your job？ I’m a farmer.

T：Are there any differences between them？

S3：One has “er”，and the other does not.

S4：One means “农民”，and the other means “农场”。

T：Do you know any other words like this pair of words？

S5：“Worker” and “work”.

S6：“Teacher” and “teach”.

2．运用好前缀和后缀

教“telephone”时，老师可以这样设计教学：

T：You can telephone me at home. Do you know “telephone”？

S1：打电话。

T：Can you speak English？

S1：I’m sorry.

S2：Call？

T：Very good. “Telephone” is composed of “tele-”and “phone”.
“Tele-” means “far away from” or “a long distance”.

S3：Telescope？

T：Very good. （writing down telephone and telescope）

S4：They all have “tele-”.

以此类推。

3．注意词汇搭配

一种语言中的词不可能总在另一种语言中找到完全相等的对应词，因此教师要指导学生运用好词汇的合理搭配。比如look at the blackboard、read a book、see a film、 watch TV、turn on the light、keep a shop、hold a meeting、open a machine等。

4．词汇语义要恰当

因为受到文化传统、风俗习惯等影响，汉英词汇不是完全对应的，因此老师在授课时要重视词汇的语义教学。比如a heavy smoker（大烟鬼）、heavy fire（猛烈的大火）、heavy rain（大雨）、heavy traffic（繁忙的交通）、black tea（红茶）、black sheep（害群之马）、a white night（不眠之夜）等。

（五）激发学生学习英语的动机

学习兴趣来源于社会和个人的需要，来源于学习上的成功，来源于富有趣味性的学习内容和丰富多彩的实践活动，来源于灵活多样的教学方法以及生动活泼的学习气氛。学习动机的激发是在学习过程中进行的，主要依赖于教师的教学内容、教学方法以及教学组织。动机的激发通常有以下途径：

（1）融洽的师生关系。

（2）关注学生年龄及心理特征。

（3）重视情感效应。

（4）让学生明确学习目标。

（5）创设愉快和谐的课堂气氛。

（6）创设英语情景。

（7）开展课外活动，丰富第二课堂。

（8）适当地开展竞赛，实行奖惩制度。

（9）正确评价、适当表扬和鼓励。

（10）利用学习成果的反馈作用。

（11）努力提高教师自身素质。

第二节　大学英语教学原则

一、概述

英语教学的常识性原则是根据英语学科的特点和教学规律而形成的指导英语教学工作的基本原则，对英语教学中的各项活动起着指导和制约作用，对提高英语教学质量和教学效率具有保障作用。古今中外的学者提出了很多英语教学原则，但真正保留下来的只是少数，这些保留下来的原则被称为常识性原则。由于教学活动和教学模式不是一成不变的，因而与之相适应的教学原则也处在不断变化和发展之中。英语教学的常识性教学原则主要有：

（一）兴趣教学原则

兴趣是最好的英语老师，是英语学习的催化剂，兴趣就像一把钥匙，能帮学生打开英语知识之门。兴趣具有积极和肯定的情绪特征，是推动学生学习英语的原动力，对学生学好英语起着举足轻重的作用。学生一旦对英语产生了兴趣就会主动去听英语、说英语、读英语和写英语，会寻找一切可能的时间和地点去练英语，在不知不觉中就学会了英语。因此，教师要以提高学生学习英语的兴趣为出发点，融洽师生关系，创建趣味教学环境，认真备好每节课，选择有趣的教学内容和授课形式，充分利用一切可能的有趣教具等，努力去满足、发现、挖掘和培养学生学习英语的兴趣和好奇心，让学生在实践中产生兴趣和发展兴趣，从而体验英语学习带来的快乐。教师要鼓励和引导学生将兴趣与自己的人生长远目标相结合，这样学生学习英语的欲望会更强烈。而且，兴趣是可以相互感染的，因此老师还要组织学生成立各种与英语学习有关的兴趣小组，促进学生共同进步。

（二）简单教学原则

教师要遵循循序渐进的教学原则，从基础抓起，以简单为前提。教授英语从简单开始具有许多优点：学生容易获得成就感，有助于学生自信心的树立，增加学生对英语学习的兴趣，也易于学生学以致用。比如教师训练学生阅读时，可以让学生从最简单的英汉对照读本开始读，学生读懂了就会产生成就感，就会对英语越来越感兴趣；反之，如果老师给同学们提供的阅读材料很难，每页有大量生词，英语阅读成了查单词和记忆生词的苦差事，也就谈不上英语水平的提高了。

（三）量的教学原则

任何事物的变化都是从量变开始的，量变积累到一定程度必然引起质变，量变是质变的前提和必要准备，英语学习也不例外，没有足够的英语输入也就没有足够的英语输出。为此，教师在平时的工作中要加大对学生的知识技能输入，强调“泛”字，突出“量”字，以获取信息而非语言为主、大容量、多信息、高密度、快节奏、点面结合和难易相间的指导方针对学生进行量的训练，英语的语感会水到渠成，质的飞跃会自然而来。比如让学生大量地听各种磁带、英语广播以及看光盘、英文电视和电影等练习听力。

（四）重复教学原则

重复是记忆之母，是人们记忆的最重要途径，重复使人记忆准确和深刻，任何技能都是重复同一类动作的过程。语言的获得同样离不开重复，正是由于我们重复了无数遍，所以我们才能自如运用像“Nice to meet you”这样的句子，因此，教师在英语教授中要重视英语的重复性。要保证有足够难度、适量的语言材料来源，每天有相当数量的听说读写训练，按照理解—模仿—机械训练—交际的顺序对语言项目反复循环。比如让学生在理解了一段经典对话后，反复听，模仿语音语调，直至能背诵，然后进行表演。

（五）模仿的教学原则

大家都知道，人尤其是儿童的语言能力是从模仿开始的，同样英语语言的习得也离不开模仿。模仿学习是习得语言的一种基本能力，对提高学生英语交际的能力有着举足轻重的作用，是学生学好英语的阶梯和桥梁。学生模仿英语语言越逼真、地道，他们语言的再造想象力就越丰富，运用表达的能力就越强。因此，教师在教课中要提供给学生大量标准英语语言材料，让学生通过对语音、词汇、句型结构等有效模仿，将新旧知识融会贯通，找出其语言规律，最终在新的情境中自由创造性运用。教师在课堂教学中的模仿练习包括机械性模仿、意义性模仿和创造性模仿，三者紧密联系，由低层次向高层次依次递进。

（六）直观性教学原则

英语直观性教学原则是指教师在英语教学中通过实物或语言描述，引导学生形成所学内容的清晰表象，从而发展学生的英语能力。俗话说：百闻不如一见。直观教学形象、鲜明、生动且有趣，学生容易接受，所学知识不容易忘记，在运用直观教学原则时，直观教具选择要符合学生的年龄特征和认识水平，直观教学手段要与教师的适当讲解相配合，要考虑合理使用教具的数量、时间和地点，防止直观教学的不当与滥用，要重视语言运用的直观。教学中教师应因地制宜尽可能利用直观手段创设情景，可以利用教室中的人、简笔画、实物、图片等直观教具以及动作、手势和表情等肢体语言进行有效情景教学，或利用多媒体等辅助教学设施呈现教学情景等。

（七）交际性教学原则

英语是一种交际工具，学习英语最重要的目的就是参与社会交际。英语交际性原则就是指教师把英语作为交际工具来教，学生把英语作为交际工具来学，师生在课堂内外把英语作为交际工具来用。交际性教学原则在教学中体现在教学材料语境化、教学过程交际化、以学生为中心的课堂教学模式和轻松自由的课堂气氛中。社会需要什么，教师就去教什么，社会怎么用英语，老师就怎么去教英语，从最基本的阶段迈入实际交际阶段。教师在授课时尽量把日常生活中的交际形式搬上讲台实行情景教学，比如在阅读课中传播听说练习，培养学生交际能力；大量开展英语课外活动，为学生创造交际条件；充实学生的西方社会文化知识，增强语言得体性意识等。

（八）以学生为中心的教学原则

以学生为中心的教学原则是指教师在英语教学中要符合学生的认知规律，体现学生在学习活动中的主体作用，从学生角度出发思考问题，充分考虑学生的生理和心理特点、兴趣和需要。老师的教学活动要以学生获得英语能力为主线来进行，教材分析、教师备课、教学活动设计和教学评价等各个方面都要紧紧围绕学生实际而设计和展开。

（九）突击的教学原则

英语学习是一个长期的过程，重复做一件事情有时会感觉单调，因此教师应该制订一个近期、中期和长期的教学计划，采取间距突击强化的方法，英语的授课进程应该是由一个个强化突击阶段所组成的。比如第一个月以训练学生阅读为主，天天让学生读简易读物，这样一个月下来，学生的词汇量和语法就有了一定提高，第二个月再突击听力，第三个月突击口语，第四个月突击写作，这样经过阅读—听力—口语—写作的不断循环突击训练，学生的英语水平会在反复的突击中不断提高。

（十）多样性教学原则

英语学科教学的特点之一就是多样性。多样性教学有利于唤起学生学习英语的兴趣，提高效率，能够有效提高学生的英语能力。老师要根据实际情况，全方位对学生进行多样性教育。多样性主要包括：

教学方法多样性：开放式、开发式、参与式、交流式、借助式、迁移式和启发式等。

组织形式多样性：全班式、分组式、示范讲解法、变换角色法等。

授课内容多样性：随着教学进度变换不同内容，以专项为主，穿插不同类别的内容。

教学手段多样化：采用幻灯、投影仪、简笔画、实物、图片、录音、录像，配合教师肢体语言等。

课堂环节多样性：组织教学、复习检查、讲解新课。

评价方式多样性：设立英语学习进步奖、超越奖、克服困难奖、完成作业优秀奖、听说读写单项奖等，学生进行自评、互评和集体投票等。

（十一）合作学习教学原则

合作学习教学原则是指教师为帮助学生完成英语教学任务而组织学生进行互助性学习的教学指导方针。合作学习教学原则能指导教师更好地培养学生的平等合作意识、创新精神和用英语进行交际的能力，激励学生主动学习英语。教师在课上要让学生在合作中动脑、动口和动手，发挥每一个同学的优势，相互引导和促进，以团体成绩为评价标准，共同完成教学任务。教师执行这条原则的主要方式有：同桌合作准备课前发言、小组合作预习新课、合作表演对话、合作讨论问题式学习、合作归纳知识、合作完成作业、合作订正错误、合作学习单词、合作完成作业以及先进生和后进生成立帮扶对子等。

（十二）系统性教学原则

英语的教学活动应当持续、连贯和系统地进行。英语教学必须依照英语课程体系和学生身心发展规律来进行。教师要贯彻好这一教学原则，不断了解英语学科教学的最新发展，使教学活动的顺序更加科学合理，以教学大纲为主线，由近及远、由浅入深、由简到繁，并根据实际情况适当地调整教学速度和增删所教授内容。

（十三）实践性教学原则

语言的实践活动是人们习得语言的根本途径和方法，语言教学如果脱离了语言的实践活动，语言本身就会被肢解，教学活动就不可能成功。为此，教师在教学中要遵循教学的实践性原则，改变过分重视语法和词汇知识讲解的传统授课倾向，所有语言知识的学习都要立足于语言实践活动，可采用提示、观察、发现、分析、对比、归纳和总结等方式实施语言教学，通过有意义的句子或篇章来综合学习和运用英语，让学生掌握实用的语言知识，真正培养和发展学生的英语能力。

（十四）阶段侧重、学以致用教学原则

不同学校不同专业的学生学习的内容不同，因而学习英语的内容就有所不同，比如普通高中和职业高中的英语就有所不同，因而老师在教英语时必须根据实际情况，在听、说、读、写四项技能上有所侧重。如果是教旅游英语，那就该在口语方面强化。

（十五）以人为本、因材施教教学原则

教育学生不能用同一个标准来要求，英语成绩好的是好学生，成绩差的同样是好学生，老师更应该关注英语成绩差的学生。教师教课时要实行分层次教学，以人为本，根据不同学生特点进行教学，不断改进教法，指导好学生的学法，让学生明白学好英语必须下苦功夫。

（十六）授人以渔，教是为了不教教学原则

英语学习具有社会化的性质，师傅领进门，修行在个人，每个学生只有具备自学英语的能力才能提高学习成绩，因此老师必须激发学生的学习动机，指导好学生的学习方法，尽可能为他们创造良好的听说读写语言环境，实行以学生为主体的教学，培养他们的自学能力。

二、教学原则的运用

（一）兴趣教学原则实施运用

1．**案例背景**

对话内容是一名同学替两名互不认识的朋友作介绍。老师不照搬课本图中的人物姓名，而是直接套用班上三名学生的名字，把课本内容编排成该三位同学在校园里相遇的情景，课前提前排练好。

2．**案例描述**

老师说：“Boys and girls，I'll introduce my three friends to you.”当学生们感到好奇的时候，老师让班上的三位同学来到讲台上互相介绍起来。例子生动，解说有趣，学生们学习的兴趣会很高。等到学生掌握如何介绍后，老师接着引入课本对话，学生们很容易地将新认识的人物带入掌握的句型中，让学生循序渐进地掌握课堂难点。

3．**案例分析**

教师要尽力挖掘教材内容和现实生活的内在联系，把抽象的知识变得形象有趣，必要时要对知识进行重新编排组织，通过听听、说说、读读、认认、看看和唱唱等手段实现教学目标。

（二）直观性教学原则实施运用

1．**案例背景**

学生对“The rain wets the trees，the road and the fields”中的“wet”感觉不好理解，老师采用直观的办法让学生去感知“wet”的含义。

2．**案例描述**

老师戴上小雨滴的头饰很有韵律地读着“Spring Rain”这篇小短文，在解释“The rain wets the trees，the road and the fields”这句话时，有的同学很难理解“wet”的含义，于是老师摘了一些湿漉漉的草和树叶，让学生去触摸以便感知“wet”的含义，然后通过给草和树叶洒小水滴让学生明白“wet”是“弄湿……”的意思。

3．**案例分析**

感觉直观教学法非常方便、实用和有效，具有形象直观、生动具体、吸引注意力、帮助理解、加深记忆和活跃气氛等一系列优越性。但要注意直观教学运用要恰当、适时、不要搞得过多过杂，以免喧宾夺主，分散注意力，影响教学任务的完成。

（三）合作学习的教学原则实施运用

1．案例背景

老师给出一个写作话题“My Dream Travel”，然后将全班同学分成几个小组，要求学生按照熟悉要求—小组讨论—独立写作—伙伴编辑—教师点评的程序进行写作。

2．案例描述

教师根据本单元的核心内容给出写作话题：My Dream Travel，同时给出下列问题供学生参考：

（1）What is your dream vacation？/Where are you going？

（2）When are you going？

（3）Who are you going with？

（4）What are you going to do there？

（5）How long are you going to be there？

让学生分组进行讨论，加深对题目的认识和理解，集中不同的意见，捕捉合适的观点，确定写的内容以及所用到的时态、语态，形成文章结构（My dream travel is...；where to go；when；with whom；what to do；how long）然后要求每个小组成员进行独立写作，有困难可求助于老师。大家都写完后小组内同学互相批改，找出写得好的地方，讨论修改错的地方，选出一篇最好的文章交给老师，老师可就文章思路、结构和时态等方面提出修改意见，同时表扬写得好的小组，并把范文展示给大家，让大家一起讨论它好在什么地方。

3．案例分析

合作学习教学法消除了学生对写作的畏难情绪，激发了同学们的写作兴趣，帮助学生树立写作的信心，每个同学为了小组的荣誉认真去合作写作，增强了彼此间的凝聚力，提高了同学们的改错能力，促进了学生们写作水平的提高。

（四）模仿性原则实施运用

1．案例背景

英语和数学一样具有一些公式，只要有一句话，就可以推出一类这样的话，句子结构就是如此，教师介绍完简单句后让学生把以往学过的一些句子进行归类。

2．案例描述

（1）主语+谓语（I am singing.）

（2）主语+谓语+宾语（She likes watching TV.）

（3）主语+谓语+表语（It looks beautiful.）

（4）主语+谓语+间接宾语+直接宾语（Tom gave the dog some food.）

（5）主语+谓语+宾语+宾语补足语（We call her Mary. ）

3．案例分析

类似这样的句子就是学习英语的“公式”，教师在学生积累了一定的语言后再引导学生进行归纳，总结出规律性东西，从而加深对句子的理解，促进学生以后英语学习的正迁移能力。

第三节　大学英语教学模式

一、概述

教学模式是在一定的教育思想、教学理论和学习理论指导下，为完成特定的教学目标和内容而围绕某一主题形成的比较稳定且简明的教学结构理论框架以及具体可操作的教学活动方式，具有指向、可操作、完整、稳定和灵活的特点。美国学者乔伊斯和韦尔把众多教学模式归纳为四种基本类型：信息加工教学模式、个性教学模式、合作教学模式和行为控制教学模式。在我国较为有影响的英语教学模式有：

（一）张思中“十六字”教学法

（1）模式名称：“十六字”教学法

（2）创始人：张思中

（3）主要思想：适当集中、反复循环、阅读原著、因材施教。

（二）张正东二十四字“立体化”教学法

（1）模式名称：“立体化”教学法

（2）创始人：张正东

（3）主要思想：自学为主，听读先行，精泛倒置，知集技循，整体多变，用中渐准。

（三）刘振海“二十四字”整体教学模式

（1）模式名称：“二十四字”整体教学模式

（2）创始人：刘振海

（3）主要思想：超前集中，整体掌握，强化训练，习题精做，学一带四，课外阅读。

（四）包天仁“四位一体”教学法

（1）模式名称：“四位一体”教学法

（2）创始人：包天仁

（3）主要思想：语言知识、语言技能、语言能力和语言素质“四位一体”教学，循序渐进，阶段侧重，精讲精练，五技并举。

（五）人民教育出版社外语室英语组专家推出的“五步”教学法

（1）模式名称：“五步”教学法

（2）创始人：人民教育出版社外语室英语组专家

（3）主要思想：复习（Revision）、介绍（Presentation）、操练（Drill）、练习（Practice）和巩固（Consolidation）五步教学。

（六）马承“三位一体”英语教学法

（1）模式名称：“三位一体”英语教学法

（2）创始人：马承

（3）主要思想：直呼式韵律英语教学，字母、因素和音标三位一体教学，词汇、语法和阅读三位一体教学。

（七）赵平“十字”教学法

（1）模式名称：“十字”教学法

（2）创始人：赵平

（3）主要思想：按照断、短、谓、连、译，听、读、说、写、用的教学程序教学；读听领先，写说跟上，全面发展；突出句法，科学识词，把握语篇；课前自学，课中共学，课后用学。

（八）芮学国“三皮”教学法

（1）模式名称：“三皮”教学法

（2）创始人：芮学国

（3）主要思想：厚着脸皮、磨破嘴皮和硬着头皮“三皮”教学。

（九）李阳“疯狂”法

（1）模式名称：一三五方法

（2）创始人：李阳

（3）主要思想：

①一口气训练法：训练说英语的底气，在一口气内尽量读更多的句子。

②三最口腔肌肉训练法：最大声、最清晰、最快速（as loudly as possible，as clearly as possible，as quickly as possible）。

③五大发音秘诀：长元音拉长、双元音饱满；短元音急促有力，收小腹；连音；略音和咬舌头。

（十）雅思无词阅读法

（1）模式名称：无词阅读法

（2）创始人：祁连山

（3）主要思想：阅读本质是理解文章的主旨，主旨=topic+方向+关系词（“无词阅读法”三要素）。Topic就是主题，也就是一句话或一段话讲的是什么；方向就是这个主题好了还是坏了；关系词就是维持或者改变方向的标志。除了这三要素之外，其余的看不懂没关系，从而实现了“无词阅读”。“无词阅读法”的目的就是帮助学生克服阅读中对生词的恐惧心理，学会忽略生词的存在，从而提高阅读速度和做题速度。

（十一）全身反应法

（1）模式名称：全身反应法（Total Physical Response，TPR）

（2）创始人：James Asher

（3）主要思想：听力理解领先，学生通过身体对语言的反应动作来提高理解力，允许学生在预先做好准备的情况下发言，教师不强迫学生发言，教学应强调教学的意义而不是形式。

（十二）合作学习

（1）模式名称：合作学习（Cooperative Learning）

（2）创始人：M.Deutsch

（3）主要思想：为了完成共同的学习任务，明确责任和分工，进行互助学习。强调学生主体作用，教育面向全体。

（十三）任务型教学

（1）模式名称：任务型教学（Task-based Learning）

（2）创始人：Nunan

（3）主要思想：以学生为中心，从做中学，以任务为中心，任务的焦点是解决某一交际问题。

（十四）学案导学

（1）模式名称：学案导学

（2）创始人：东庐中学、杜郎口中学

（3）主要思想：以学案为载体，以导学为方法，以教师的指导为主导，以学生的自主学习为主体，师生共同合作完成教学任务。

了解了常用的英语教学模式，英语教师应该博采众长，兼收并蓄，使各种教学模式都能为我所用，抛弃“填鸭式”、应试式、题海式、“放羊式”等陈旧教学模式，更新观念，张扬个性，结合自身的优势，采取不同的方法来优化学习目标的制定、课堂教学的设计和教学方法的组合，让学生把英语当母语来学，通过优化课堂教学，形成具有自己特色的英语教学模式。

二、教学模式的实践

（一）生活课堂教学

课堂教学是学生系统习得语言知识的主要场所，英语教学一旦与生活相联系，学生在用中学，在学中用，教学就会焕发无穷魅力。如学习“What color is it”这个句式，教师让学生提前准备好各种颜色的生活用品和学习用品，上课时就可以用于学生间互相询问颜色。同时结合“What's this in English”进行“Ask and Answer”：“What's this in English？”“It's a ball. What color is it？”“It's yellow.”提醒学生注意“It's yellow”和“It's a yellow ball”的不同；老师也可以就学生穿的衣服颜色进行练习。

（二）音乐课堂教学

音乐能给人轻松舒畅的感觉，有利于学生学习英语，开发智力，在教学中教师可以把教学内容巧妙配上音乐进行教学。把难一点儿的英文单词或句子都配上音乐，可以配上儿歌或学生熟悉的流行歌曲。比如学习“Is this your book？”和“Yes，it is.”“No，it isn't.”时可以套用《两只老虎》，也可让学生自己配曲演唱。教师可以利用Chant的节奏感去训练学生的语音节奏，例如“ My name，your name，her name，his name； this，these，that，those”等，表演时加上肢体动作。

（三）游戏课堂教学

游戏是学生们喜欢的活动，教师以游戏活动为载体，实现自己的教学目标。比如幸运大转盘游戏：把学生每8个人分成一组，每组的成员标号为Number 1、Number 2、Number 3……Number 8，每组固定一人操作课件。点击游戏开始后，学生边拍手边有节奏地念：“A. Rice，rice，I like rice. B. Noodles，noodles，I like noodles. C. Com，com，I like com. D. Chicken，chicken，I like chicken.”当点击游戏结束时，转盘中间显示一个数字，如果显示的数字是1，那么Number 1的学生要回答本组其他组员的问题：What do you like？I like rice. 学生在游戏中不断地说单词、句子，从而提高了辨别和识记单词的能力，以达到巩固单词读音的作用。

（四）点读机课堂教学

在有条件的班级，教师可采用点读机教课方式，点读机具有很多教课优点：能生动还原英语名师课堂，采用点读、讲读、测试全方位的组合教学模式，全面学习，学生随时屏幕取词查阅，内容丰富，能人机对话。用一支特制的电子笔点在教科书相应的图画处，就会发出相应的语音，实现了画面与语音的融合。

（五）网络化课堂教学

随着人类进入信息时代，现代教育技术飞速发展，为我们利用网络来进行英语教学提供了可能。网络环境下英语教学具有开放、资源共享、资源广泛、交互性、适合于个性化学习和即时性学习等优点。因此教师在教学中可考虑：

1．**充分利用常用媒介**

常用媒介有E-mail、QQ、飞信、微信、MSN、阿里旺旺、ISpeak、UC talk、Google talk、Skype、人人桌面、YY等，在教学中应结合实际充分利用。比如用E-mail这一媒介进行英语写作教学，先合作完成写作任务，然后老师修改文章，最后给出范文，进行评价；再比如教“The Aswan Dam”一课时，老师可从网上选用“the River Nile（尼罗河）”的介绍材料，使学生从另一个角度了解这条常常泛滥却又十分重要的河流，也可考虑选用*CHINA DAILY*中对我国著名的三峡大坝水利工程的报道供学生阅读。

2．**掌握“拾荒式”搜索课堂教学方法**

（1）设计主题：由老师设定好“拾荒式”课程的主题，并确保此主题和教学内容相符合，即围绕主题设计问题及任务。

（2）介绍搜索引擎：老师根据学生的年龄和能力等各方面的状况向学生介绍几个搜索引擎，如百度、谷歌、雅虎等，然后让学生选择自己喜欢的引擎进行资料的搜索。

（3）给出关键词：老师应围绕主题指导学生确定合适的关键词，并事先告知学生。

（4）记录搜索结果：学生运用以上引擎和关键词进行搜索，记录搜查到的网页以及对要解决的问题有帮助的资料。

（5）完成任务：学生对搜索到的资料进行整理编排，完成课堂任务。

三、隐性分层教学：改进传统分层教学的对策与出路

由于分层教学具有重要的作用，是因材施教的必然要求，而公开化的分层教学又具有多方面的弊端，因此，可以采取隐性分层的教学方式对其进行改进。

所谓隐性分层，就是教师采用内在的尺度法，以一个自然班为单位，综合考虑学生的英语基础、智力特点、兴趣爱好、学习潜力等具体情况，“暗中”把相当水平的、某些方面类似的学生归结为一个“层次”并分配在不同的组内（王先荣，2005：172）。分层结果只是教师自己心中有数，并不向班级公布，仅作为划分学习小组、开展学习活动和实施针对性分层教学的依据。一般情况下，教师可以将同一个教学班级的学生分成优、中、差三个层次，然后根据不同的学习层次设定不同的学习目

标并采取不同的教学对策和方法。与传统的分层教学一样，隐性分层教学也是以学生的认知能力为基础，从各类学生的实际出发，确定不同层次的教学目标，给予不同层次的辅导和评价，使各类学生“人人有兴趣，人人有所得”，在各自的最近发展区内得到最充分的发展，较好地完成学习任务，体现成功教育，增强学生学习外语的积极性，从而提高全体学生的英语素质。在大学英语教学中开展隐性分层教学，教师必须做好以下两点工作。

首先，必须深入了解教学班级学生的英语学习情况，给不同层次的学生制定不同层次的、合理的教学目标。教师对学生的分层应该是基于对学生的多次测试及其在课堂上的综合表现进行分析的结果。教师要避免主观偏见对学生分层的影响，而应以强烈的责任感为支撑，积极主动地去了解学生，善于发现学生成绩的变化情况，并对原有的分层进行及时、灵活的变动。在教学目标的设置上，要遵循由易到难、由简到繁的原则，使更高层次学生群体的学习目标在包含低层次学生群体学习目标的基础上有更高程度上的要求。教师要努力使教学任务的分量和难度符合不同层次学生的实际情况，激发和维护学生的上进心和自尊心，从而使每一个学生都能感受到成功的喜悦，增强参与感。

如前所述，教师可以将教学班中的学生分成高、中、低三个层次。对成绩较好的高层次学生，主要以培养学生的自主学习能力为主，提高学生的学习元认知意识，使学生在自我的发现式学习中获得更大的提高；要求除了掌握课本上的基本知识外，还要充分发挥教材的弹性作用，着重培养学生的探究精神。对成绩中等的中层次学生，要给其制定与大纲要求一致并有所提高的教学目标，强调掌握基本的学习方法和思维习惯，着重提高学生的听说能力。对成绩较差的低层次学生，由于他们具有自卑和怕困难的弱点，可制定以教材为本的基础性目标，以鼓励为主，努力培养学生的学习兴趣和自信心。对于不同的教学任务，教师还可以在具体的教学实践中根据学生的表现进行灵活的设置。

其次，精心设计和实施课堂层次教学，提高不同层次学生的英语水平。在综合教学班级中实施隐性分层教学，对英语教师来说是一个极大的挑战，因为教师不仅要兼顾不同层次学生对上课内容的接纳水平，同时还要使教学看起来像是面向全班同学的一个顺畅、自然的过程。因此，教师要在备课时精心设计好课堂教学的每个环节，充分考虑到每个环节衔接的流畅性，并考虑好课堂授课的效率和质量问题。更为重要的是，教师要具有根据学生的不同反应随时作出灵活应对的快速应变能力。

再次，教师的课堂分层施教还要以真正实现学生英语能力的提高为目的，而不是搞形式主义，让教学过程显得华丽多样而没有任何实质意义。因此，在每一次教学后，特别是在实施分层教学的开始阶段，教师都应该认真进行自我反思，验证教学的效果，分析其中存在的问题，并采取更为有效的改进对策。

大学英语按层次分班教学对“因材施教”教育思想的践行是一种有效的方式，采取隐性分层教学的模式对传统的分层模式加以改进，可以消除传统教学模式中所存在的一些弊端，给不同层次学生制定合理的教学目标，并精心设计和实施课堂层次教学，提高不同层次学生的英语水平和能力。

最后，现代英语教学中必须重视文化的导入，提高学生面对文化差异时的敏感性、包容性及灵活处理文化差异的能力，从而帮助学生构建第三类文化，提高跨文化交际的能力。下一节笔者将谈到在跨文化交际的四层次和在第三类文化概念的基础上构建学生第三类文化的教学方法。

第二章　思辨能力概述

20世纪80年代开始，西方国家逐渐开始关注思辨能力的研究。20世纪90年代，思辨能力的研究日趋兴盛。西方有一些机构组织不同领域的专家、学者对思辨能力的内涵与特征进行界定，为高中生和大学生设计了多种量具来测量他们的思辨技能与思辨倾向；有一些学校则开设了与思辨能力相关的课程，重点培养学生的思辨技能。20世纪90年代，我国开始对英语学生的思辨能力给予关注。很多学者都认为，英语学习可以拓宽学生的视野，增加学生思考问题的视角，可以大大提高学生思维的深刻性与灵活性。

第一节　思辨能力的术语界定

“思辨能力”是由英语短语critical thinking skills翻译而来。在西方国家，critical thinking skills这一术语被广泛使用。critical在希腊语中有两个词根：kritikos和kriérion，前一个的含义是“有眼力的判断”，后一个的含义是“运用恰当的评价标准进行有意识的思考，最终作出有理据的判断”。

所谓思辨能力，指的是为了寻找以及评估一定的信息内容所需要具备的识别、分析问题的能力，并可以得出合适的结论。

美国哥伦比亚大学的哲学教授李普曼（Matthew Lipman）是儿童哲学的创始人之一，他认为思辨能力是一种思维能力，这种能力可以作出正确的判断，并且是熟练的、负责任的。思辨能力依赖于标准、对自我的校正、语境的灵敏度。

加拿大著名学者约翰逊（R. H. Johnson）提出，思辨能力指的是通过适当的标准或规范来判断一个智力产品，其中包括信念、理论、假说、论证。

美国学者恩尼斯（Robert Ennis）作为思辨运动的先行者，认为思辨能力指的是个人为决定做什么或信什么而进行的一种合理的反省思维，其包括两个方面：认知技能方面（思辨技能）和情感倾向方面（思辨倾向）。

美国学者保罗（Richard Paul）作为国际公认的权威学者，将思辨能力概括为：“思辨是一种通过分析和评价，将完善作为宗旨，是一种自我引导、约束、监控、校正的思维，需要有效交流以及解决问题的能力。”

美国哲学联合会认为思辨能力包括六种核心的技能和七种人格特质。其中，六种核心技能指的是阐释、分析、推论、评价、解释、自我调控；七种人格特质指的是寻真性、开放性、诚信度、分析性、好奇心、认知成熟度、系统性。

上述几位学者所给出的思辨能力的概念存在一定的差异，不过这些定义仍具有一定的普遍性特点，即思辨能力包括两方面：思辨的技能和思辨的倾向，其中前者指的是人的认知能力，后者指的是人的精神气质，两者之间的关系是相互联系、密不可分的。

在我国，很多学者都将critical thinking skills翻译为"批判性思维能力"。然而，学者文秋芳（2012）对此提出了不同的看法，认为这种翻译是对原义的歪曲。她认为，critical thinking skills应该翻译为"高层次思维能力"。

根据朱智贤、林崇德（2002）的理论，思维能力是人脑的高级认知能力，思维是"人脑对客观事物的本质和事物内在的规律性关系的概括与间接的反映"。思维的主要特征包括如下几个方面。

（1）概括性。所谓概括性，就是去伪存真、由表及里，揭示事物的本质与内在规律的过程。

（2）间接性。所谓间接性，指的是思维依赖于储存在大脑中的知识经验。

（3）逻辑性。所谓逻辑性，是指思维遵照一定的规则、方法进行。

（4）目的性。所谓目的性，指的是思维有着明确的目的和任务，最常见的是以问题驱动，以找出解决问题的方案为目标。

根据思维发展阶段和抽象程度，思维可分为直观行动思维、具体形象思维和抽象逻辑思维，抽象逻辑思维又分为低等的形式逻辑思维与高等的辩证逻辑思维。根据思维的智力品质，思维又分为再现思维和创造性思维。基于朱智贤、林崇德的观点可知，思辨能力是思维能力的重要部分，但不能涵盖思维能力的全部。

中国外语教育研究中心的研究员虽然不认同"批判性思维能力"这一译法，但同样不认同文秋芳的译法，他们建议将critical thinking skills翻译为"思辨能力"。

对上述学者所给出的定义进行比较可以发现，这些定义都具有一定的相似性，都强调认知、积极和主动的思维能力。21世纪，中国有很多的学者开始研究思辨能力的内容，并且形成了比较完整的团队和机构，如被大家所熟知的文秋芳团队。

总之，critical thinking skills这一术语是由西方传入我国的，其共同的基本要素就是理性思维。可见，不管国内学者如何界定，将其翻译为"批判性思维能力"或是"思辨能力"，其核心其实是一样的。

综合以上分析，笔者将思辨能力界定为"依据一定的标准，对看法或事物作出有理据、有目的的判断的能力。"思辨能力可分为两个维度：技能维度和人格特质维度。技能维度体现为对证据、概念、方法、标准等要素进行阐述、分析等的技能；人格特质维度体现为勤学好问、谨慎判断、敏于探究等。

第二节　思辨能力的起源与发展

一、思辨能力的起源

思辨能力的起源可以追溯至古代历史上哲学家们所提出的哲学思想，二者之间具有十分密切的关系。有学者将哲学的起源与杜威（Dewey）所提出的经验主义联系起来，以保罗为代表的多位学者认为思辨能力的概念起源可以追溯至苏格拉底所提出的问答方法。苏格拉底在自己的理论中所阐述的很多思想在当今时代都是不过时的，与现代人们所提出的很多看法都有或多或少的联系。不同的历史时期，哲学家们对早期思辨能力的不同形态有多种看法。

（一）巴门尼德的“存在论”

巴门尼德认为人的感性只有通过批判才能达到理性的境界，只有对多种意见进行比较之后才能获取真理。这一观点作为一种论证方法开创了哲学史上的先河。随后，巴门尼德的学生芝诺在其研究的基础上深入分析，将巴门尼德的“存在论”发展成一种论辩的方法。这种论证逻辑的方法含有“批判性思维”的观念。

（二）苏格拉底的问答法

苏格拉底经常通过提问、下定义、讥讽等来反驳和辩证观点，他通过提问题来回答问题，将大家所公认的事实或观点进行深层次质疑。这种问答的方式随后被很多教育工作者运用到教学研究中，从而展开思辨教学。著名思想家柏拉图、亚里士多德等都在一定程度上传承了苏格拉底的问答法。

二、思辨能力的发展

纵观思辨能力的发展可知，其大约有四个发展阶段。

（一）萌芽阶段

思辨能力的萌芽阶段指的是1910年至1939年这段时间。杜威不仅是教育学之父，而且也是批判性思维的先驱。这一时期，有关“批判性思维”的研究文献主要是由杜威发表的，他也是这方面研究的带头人。杜威提出，教育的最终目的就是教会学生学会反省思维方式。在这本书中，杜威将批判性思维称为“反省思维”（reflective thinking），他认为需要将反省思维纳入教育的体系中，作为教育的重要目的之一来实践，在学校中展开反省思维教育。当前，人们所使用的很多与“批判性思维”相关的教学方法都可以说是杜威反省思维的传承和延续。

（二）发展阶段

思辨能力的发展阶段指的是1940年至1970年这段时间。在此期间，critical thinking skills于1941年被正式确立为一种术语。美国著名的教育学家、心理学家格拉泽基于儿童心理学的研究视角，在自己所出版的《批判性思维发展实验研究》一书中系统研究了“批判性思维”。受此书的影响，随后出现了大批与批判性思维研究相关的著作。例如：

（1）《批判性思维：逻辑与科学方法引论》，作者为布莱克，于1946年出版。

（2）*Critical Thinking in Social Science*，作者为美国教育委员会（American Council on Education），于1954年出版。

（3）《阅读与写作中的批判性思维》，作者为帕尔默，于1955年出版。

20世纪60年代之后，著名学者皮亚杰成为认知发展理论的代表人物，他的理论被很多学者引入“批判性思维”的研究中，这方面的代表人物有恩尼斯（Ennis）等。恩尼斯详细阐释了批判性思维技能的内容，具有里程碑的意义，这在一定程度上预示着批判性思维技能的发展研究进入了一个新的阶段。

（三）繁荣阶段

思辨能力发展的繁荣阶段指的是1970至1990年这段时间。在此阶段，众多学者开始研究思辨教学的相关内容，在多种学科领域都展开了思辨教学的实践活动。另外，人们也开始探究通过教学活动来培养学生的思辨能力。在这一时期，美国的很多高校都根据本校的实际发展情况制定了一系列培养学生思辨能力的措施。例如，哈佛大学的校长德里克・博克（Derek Bok）在自己所著的《高等教育》（1986）一书中，详细研究了文理教育的共同发展，强调二者教育的一个非常重要的目标就是培养大学生的思辨能力，让他们成为具有思辨能力的优秀人才。哈佛所设置的很多课程都强调了学生应该具有独特的思维习惯，教授并不是某一门学科中的权威，这些教学理念与思辨能力其实是不谋而合的。另外，哥伦比亚大学所设置的核心课程中也将培养大学生的思辨能力作为其教育的重要目标。

（四）空前繁荣阶段

思辨能力的繁荣阶段主要是从1990年以后至今。从20世纪开始，人们对思辨能力的研究也逐步多样化，从教学研究到测量研究都涉及了思辨能力的内容。在这一阶段，西方国家都开始重视思辨能力的教学实践活动，关注大学生思辨能力的培养和提升。例如，英国、美国、加拿大、澳大利亚、菲律宾、新西兰等都将思辨能力的培养作为教育的重要目标之一。1990年，美国高校的专家组成团队研究并提出了2000年美国的教育目标就是培养大学生的思维能力和广博的知识面。

1998年10月5日到9日，“世界高等教育会议”在法国巴黎召开，会议上发表了《面向二十一世纪高等教育宣言》。宣言的第一条就是培养学生的思辨态度，第五条提到了革新教育方式，倡议高等教育机构需要重视大学生的批判性思维能力以及分析问题的能力。在西方国家，很多大学都开设了与思辨能力相关的课程，力求帮助学生提高思辨能力。另外，随着思辨课程设置的逐渐系统化，人们也开始研究与思辨教学相关的教学方法，研究者们对此做出了不懈的努力。

第三节　思辨能力培养的重要性

当前，大学英语教学改革正处于关键时期，以培养思辨能力为导向，全面推进英语教学模式、测试评价、师资发展等方面的探索和创新是推动英语教学改革的重要因素。

一、是中国高等教育的核心目标之一

思辨能力是创新精神和实践能力的前提和内核。《中华人民共和国高等教育法》总则中规定："高等教育的任务是培养具有创新精神和实践能力的高级专门人才……"因此，在大学英语教学中培养学生的思辨能力是提高学生创新能力的重要体现，学生各种具体的能力归根结底也是建立在大脑的思辨能力之上的。

此外，思辨能力的培养还有助于提高学生的认知能力和一系列情感特质。认知能力与情感特质是思辨能力的两个维度。

二、是世界一流大学和一流学科所追求的共同使命

在西方教育中，普遍把思辨能力的培养放在首位。例如，哈佛大学将"rejoice in discovery and critical thought（鼓励学生尊重观念及其自由表达，乐于发现与思辨）"作为教学使命之一。剑桥大学也鼓励学生要有"怀疑"的精神，即"the encouragement of a questioning spirit"，并将思辨能力水平作为入学考试的一部分。耶鲁大学英文系要求本科生在学习完不同时期、不同体裁的文学作品后，要"gain deeper insight into human experience and emerge as stronger writers and more powerful analytical thinkers"，即获得对人类经验的更深刻的洞察力，并成为更强健的作者和更有影响力的分析性思考者。

与西方教育相比，中国的教育更强调对基础知识的系统掌握。但是近年来，随着教育改革的逐步推进，能力的培养也成为大学英语教学的重要内容，这无疑是一个历史性的进步。

三、能够提高学生的可迁移能力

学校的教育不仅仅是课程中所包含的某些知识，更重要的是促进学生全面能力的提高，包括发现问题和解决问题的能力、自主学习的能力、敢于挑战的能力、与人处事的能力、待人接物的能力等，这些能力在以后不同的工作中、身处不同的环境时，发挥着重要作用。这些能力便是学校教育给予学生的无尽财富，是“可迁移能力（transferable skill）”。

美国佛蒙特大学的就业服务中心对“可迁移能力”做了一系列的调查和研究，并将其分为七种类型，分别是思辨能力、研究与调查能力、设计与计划能力、信息管理能力、领导与组织能力、沟通能力、人际交往能力。

英国高等教育科学院（Higher Education Academy）的法律教育中心（UK Centre for Legal Education）也对“可迁移能力”做了相关研究，并对其进行了分类。他们将“可迁移能力”分为沟通能力、解决问题能力、团队合作能力、个人独立工作能力、信息技术能力、数据处理能力、思辨能力。

上述两者对“可迁移能力”的分类中都包含思辨能力，这就说明拥有思辨能力是当今高素质的大学生最重要的特征之一。因此，培养学生的思辨能力理应成为大学英语教学的重要目标。

第三章 大学英语教学与思辨能力培养

当今世界，经济全球化进程加快，具有创新精神和创新能力的创新型人才逐渐成为国际社会竞争的焦点。培养创新型人才的关键就在于提高其思辨能力。因此，在大学英语教学中培养学生的思辨能力具有重要的现实意义。

第一节 大学英语教学中思辨能力培养的内涵

一、大学英语教学思辨能力培养概述

在大学英语教学中培养学生的思辨能力具有坚实的现实基础和政策支持。2000年3月颁布的《高等学校英语专业英语教学大纲》（以下简称《大纲》）中重新界定了英语专业的培养目标，即“培养具有扎实的英语语言基础和广博的文化知识并能熟练地运用英语在外事、教育、经贸、文化、科技、军事等部门从事翻译、教学、管理、研究等工作的复合型英语人才”。在培养“复合型英语人才”方针的指导下，全国大学英语教学纷纷开始改革，向“复合型”转变，增设商务英语、新闻英语、法律英语、科技英语等一大批复合型专业。2010年7月教育部发布《国家中长期教育改革和发展规划纲要（2010—2020年）》，其中指出，教育改革和发展的核心目标之一是培养学生具有“勇于探索的创新精神和善于解决问题的实践力”，要“牢固确立人才培养在高校工作中的中心地位”“坚持能力为重，优化知识结构，丰富社会实践，强化能力培养……”。

此外，大学英语课程中也明确指出要努力培养学生的英语综合应用能力，增强其综合思维能力。

（一）大学生思辨能力缺失

在当前的大学英语教学中，思辨能力的培养还没有受到足够的重视，正因如此，英语学生思辨能力的缺失成为英语教学的软肋。1998年，黄源深教授发表了一篇名为《思辨缺席》的文章，引起了社会和教育界的广泛关注。文章中这样说道：外语系的学生遇到论争需要说理的时候，写文章需要论述的时候，听讲座需要发问的时候，常常会脑子里一片空白，觉得无话可说；或者朦朦胧胧似有想法，却一片混沌，

不知从何说起。不少外语系教师在评职称的时候，为缺少论文而发愁，感到文章难写，立论不易，不得已而去编写练习手册来凑数。这种因缺乏分析、综合、判断、推理、思考、辨析能力所造成的现象，我们不妨称为“思辨的缺席”。学外语的人，稍不注意就会得这种“思辨缺席症”。

从这一段话中可以看出，“思辨缺席症”在外语系的教师和学生中并非罕见。学生之所以在论证说理、写文章论述、听讲座发问时无话可说，原因就是平时学习英语时，只是简单地记单词、背词典、句型操练、做习题，以应付考试为目的，课堂学习中只使用简单的英语进行会话交流，因害怕出错而不愿意发表自己的看法。在日常生活中也很少使用英语进行交流和表达，很少花时间阅读英语杂志。由此导致的后果便是知识面狭窄，思维不够活跃，创作能力受到限制，主动思考、分析问题、论述问题和解决问题的能力也无法得到提高。

（二）提高大学生思辨能力的重要性

近年来，思辨能力的培养逐渐成为教育界关注的重点问题，同时也是高等教育的中心问题。早在1990年，美国高校专家组就提出要将培养具有广博的知识和强大思维能力的大学生作为教育目标。大学生身处瞬息万变的世界形势中，要学会思考，并积极思考。一个具有较高素质的大学生要更加善于运用所学语言知识，深入地分析问题，运用创新性思维积极思考，敢于对他人的观点提出质疑、进行反思并作出正确的判断。提高大学生的思辨能力，无论对大学生个体学习能力的提高，还是对大学英语教育改革的推进，抑或是对整体社会创造性能力的提升，都有着重要的理论与实践指导意义。

二、大学英语教学思辨能力的培养现状

随着社会的发展和时代的进步，高校英语教学也进行了多次改革，取得了不小的进步。但从整体上来看，在思辨能力培养方面仍然存在以下几个方面的问题。

首先，思辨能力的培养在大学英语教学中没有受到普遍重视。这一现象与英语这门学科的特性有很大的关系，对于我国学生来说，英语是一门外语，在长期应试教育的影响下，英语教学也过分重视听、说、读、写、译技能的训练，把英语教学当作单纯的语言课进行，忽视了其人文性的特点，不注重引导学生思考，培养其思辨能力。

其次，评价体系缺乏对学生思辨能力的考察。当前的大学英语课程设置较为单一，与英语相关的选修科目和课外活动也较少。除此之外，有关英语的各级考试关注的是对英语基本技能的考察，这就使教师在英语教学中重视对学生技能的训练，而忽视了思辨能力及其他素质能力的培养。学生在这种标准化、考试化的英语学习中无法产生好奇、敏感和探索未知的欲望，最终会导致“思辨缺席”。

最后，高校英语教师自身缺乏思辨能力。学者刘芳、董元兴、李慷（2013）曾

对部分大学英语教师的批判性思维技能进行了相关调查和分析，结果发现这些接受调查的优秀大学英语教师的批判思维综合技能并不强。这一结果与黄源深教授所提出的“思辨缺席症”论断是一致的。

第二节　英语学生思辨能力培养的影响因素

1995年，Terezini等人在其题为《学生思辨能力发展影响因素》（*Influences Affecting the Development of Students' Critical Thinking Skills*）的研究中指出了与学生思辨能力发展具有显著相关性的因素，其中父母受教育程度、入学前思辨水平、用于学习的时间、课外阅读量、人文学科教学效果、科学学习等因素与学生思辨能力发展具有正相关作用；而人际关系与思辨能力发展呈负相关关系。

与Terezini等人的研究相比，在分析“影响英语学生思辨能力培养的因素”这一问题时，研究者要将焦点聚焦于英语这一个具体的课程，关注学生的个体特点，从内外因素两个方面分析对思辨能力发展的影响。

一、英语专业学生思辨能力的特点

将英语专业的学生与其他专业的学生做对比，分析其思辨能力特点的研究并不多。文秋芳（2010）和她的研究小组在美国“特尔斐”项目组的CCTDI和彭美慈等人修订的CCTDI-CV的基础上，通过两次大规模的测试和修订，编制了思辨倾向量具，对来自11所高校的14个文科专业的2318名受试者进行了调查，最终得到了具有客观性、代表性和科学性的调查结果。下面就以这一项研究为基础，分析英语专业学生思辨能力的特点。

这一研究旨在用实证数据检验英语专业大学生的思辨能力低于其他文科类大学生的假设。主要回答以下三个方面的问题。

首先，英语专业与其他文科学生两个整体样本是否在思辨能力上存在显著差异？

其次，英语专业学生与同年级的其他文科类学生相比是否每个年级都存在显著差异？

最后，英语专业一、二、三年级内部与其他文科类学生三个年级内部的差异趋势是否相同？

经过对总体样本、各年级样本及三年内变化趋势三个层面的英语专业与其他文科类大学生的成绩进行对比，最终得出了以下结论。

（1）英语专业学生总体思辨水平显著高于其他专业的文科学生。表3-1（a）是英语专业学生与其他文科学生总体样本的比较，表中数据显示，英语专业学生思辨能力的平均分为61.07，其他文科学生的平均分为58.32，两者的均差为2.75。但是，从标准差对比，英语专业学生思辨测试成绩的标准差较小。这就说明，与其他文科学生相比，英语专业学生思辨水平较高。

表3-1（a）　英语专业学生与其他文科学生总体样本的比较

比较项目	专业	
	英语专业	其他文科
人数	991	1198
平均分	61.07	58.32
标准差	11.96	12.88
均差	2.75	
t	5.17	
p	0.000	

（2）英语专业学生一至三年级的思辨水平均高于其他文科学生。表3-1（b）是按年级对英语专业学生与其他文科学生思辨测试成绩的比较。表中数据显示，英语专业每个年级学生的思辨能力都高于同年级的其他文科学生，其中一年级学生优势最明显。但是，这种优势随年级增加逐渐丧失。

表3-1（b）　英语专业学生和其他文科学生各年级样本的思辨测试成绩比较

专业	项目	年级		
		一年级	二年级	三年级
英语专业	人数	365	315	311
	平均分	60.38	60.43	64.54
	标准差	12.32	12.08	11.31
其他文科	人数	455	385	358
	平均分	56.74	57.79	60.92
	标准差	12.79	13.11	12.38
均差		3.65	2.64	1.62
t		4.125	2.771	1.755
p		0.000	0.006	0.078

（3）两组学生一至三年级思辨能力内部的变化均达到显著水平，但英语专业学生三年内的变化幅度明显小于其他文科学生，属小幅量变，未出现质变的关键期，而其他文科学生的变化幅度较大，二至三年级为质变关键期。表3-1（c）是英语专业学生与其他文科学生在三年之内思辨能力变化趋势的比较。总体而言，两类学生的思辨能力在三年之间都不断提高。但是，与其他文科学生相比，英语专业学生在

三年内的变化幅度较小。

表3-1（c）　英语专业与其他文科类学生3个年级之间差异趋势的比较

英语专业				其他文科专业		
对比年级	均差	P	三个年级之间的比较	均差	p	三个年级之间的比较
一～二年级	0.05	0.999	F=3.418 P=0.03	1.05	0.495	F=11.26 P=0.000
二～三年级	2.11	0.087		3.14	0.004	
一～三年级	2.16	0.065		4.19	0.000	

二、英语专业学生思辨能力培养的影响因素

作为高等教育的重要培养目标之一，思辨能力培养却是当前我国大学英语教学的一个薄弱环节。因此，找出影响英语专业学生思辨能力培养的因素，在此基础上有针对性地突破难点，抓住重点，建立多维培养模式，是当前提高英语学生思辨能力的重要举措。

（一）外部因素

关于影响英语专业学生思辨能力发展的外部因素，不少学者做过相关的调查和研究。韦晓保（2012）以上海外国语大学、华东师范大学、上海师范大学、上海财经大学四个学校英语专业三年级共197名学生为研究对象，通过调查和访谈的方式得出了影响英语专业学生思辨能力发展的七类外部因素，如表3-2所示。

表3-2　影响英语学生思辨能力发展的外部因素

排名	影响因素	提及次数	百分比（%）
1	评价标准	141	71.6
2	测试体系	134	68.0
3	教学模式	132	67.0
4	课程设置	127	64.5
5	教材	110	55.8
6	学习方式	107	54.3
7	教师	104	52.8
8	其他	6	3.0

以上因素对英语专业学生的思辨能力发展有重要的影响，但除此之外，对思辨能力培养的重视程度以及当前教育功利主义思想也是不可忽视的两个方面。

1．评价标准

就英语能力的评价而言，传统的评价体系仅停留在学生语言表达的流利性层面，忽视了语言表达的复杂性和准确性。因此，导致很多学生虽然能够流利地进行口语表达，但是仔细分析，表达的内容却十分空洞，思想匮乏，缺少逻辑性。英语写作方面也过分注重语言形式的表达，大量背诵固定化的写作套式，不重视思辨。

2．测试体系

目前我国的英语课程学习具有明显的应试倾向。各种类型的语言水平考试大多过于侧重考查学生的听、说、写、译等语言技能，忽略了思辨能力评估。这就用考试的形式固化了“以语言为中心”的办学模式，无形中成了英语学生“思辨缺席”的诱因。

3．教学模式

英语专业的教师大多将教学的重点放在语言点的讲解和语言技能的操练上，比较容易忽略学生的需求和个性，不太重视提高学生独立思考、分析判断能力。

4．课程设置

英语专业的高年级专业课课时较少，且受学生语言水平限制，因而思辨能力训练的空间非常有限。此外，我国英语专业课程设置和教学实践多年来以接受性技能训练为主，缺乏对学生需求的分析，忽略了学生思辨能力的培养。

5．教材

关于大学英语专业的教材，在很多研究中都有涉及，专业一年级的教材语言水平实际上是与高中阶段英语语言水平相近的，有的甚至低于高中阶段的英语水平，这就导致大学英语专业教材的编写与英语专业学生的认知水平是不符的。低难度的话题无法引起学生英语表达的兴趣，同时也不利于其思辨能力的发展。

6．学习方式

有些英语专业的学生在英语学习时以模仿、记忆、重述为主要的练习手段，十分不利于其分析、推理技能的发展。

7．教师

很多教师迫于教学的任务和压力，不愿利用个人的生活经验和审美体验对课文进行富有创意的诠释。教师对学生提出的质疑和见解不够重视，师生之间缺乏平等交流。教师缺乏主观能动性，过分拘泥于教材内容。为了迁就学生语言水平低的困难，教师所设计的学习任务对思维水平也没有太高的要求。

8．思想意识重视不够

上至国家教育行政部门，下至学校、教师，对思辨能力的重视程度也是影响学生思辨能力培养的重要外部因素之一。在我国，由于诸多原因，思辨能力的培养还未引起政府和教育界的足够重视。但是，在以美国为代表的西方国家，思辨能力培养早已成为高等教育的重要目标。美国政府在1991年把思辨能力作为教育改革实验课纳入国家教育纲要，并在1993年将其列入大学教育目标。英国、加拿大、澳大利亚和新西兰等国家也有40%以上的大学开设了培养思辨能力的课程。

9. 教育功利主义的影响

教育功利主义往往影响外语教育改革的纵深发展。教育功利主义就是以功利主义为教育的主导价值取向，在教育过程中过分追求功效和利益，使教育沦为整个国家和个人追逐利益的工具。

教师和学生也受到功利主义的影响。由于各个高校对教师的职称评定和晋升主要是依据其科研论文，与教学能力和教学效果并没有太大的关系，因此大部分教师将精力集中于科研论文上，忽视了对教学的投入。如果学生学习英语的目的是将其当作就业或通过考试的工具，而集中在考取各种证书上，就很容易导致其思辨能力和人文素养这些“隐性”能力的发展停滞不前。

（二）内部因素

1. 智力因素

学生的智力因素对其思辨能力有影响作用。智力因素影响着个体的语言认知能力。心理学家卡罗尔（Carroll）将个体的语言认知能力分为以下四种。

（1）语音编码能力。

（2）语法敏感能力。

（3）语言学习归纳能力。

（4）语言记忆能力。

此外，通过对日常英语课堂教学的观察也可以看出，不同智力水平的学生的理解、记忆和推理等思辨能力是存在差异的。智力水平较高的学生能较快速地更新头脑中原有的认知结构，并形成独具个性的学习方法。智力水平一般的学生则需要在教师明确的指示或帮助下，才能很好地吸收和内化新知识。

2. 认知因素

美国心理学家班杜拉（Bandura）在20世纪50年代提出了社会学习理论，早期强调经由示范、强化或惩罚而习得某些特定行为。随着时间的推移，他开始关注通过认知因素，如期望和信念等对学习的影响。到20世纪80年代，班杜拉将自己的观点命名为社会认知理论（Social Cognitive Theory）。

社会认知理论的核心是三维交互决定论（triadic reciprocal causation），即人的行为不是外界刺激的单向作用产物，而是环境、个体特征、行为自身相互影响的结果。图3-1展示了三维交互观的核心概念和运作机制。

此外，认知风格也是影响英语专业学生思辨能力培养的因素之一。学生的认知风格是习惯性使用的结果，一般不是经过自主选择形成的，并且不受教学方式和教学环境的影响。认知风格一般有两种类型：场独立型（field-independent）和场依赖型（field-dependent）。认知风格对学生思辨能力的影响如表3-3所示。

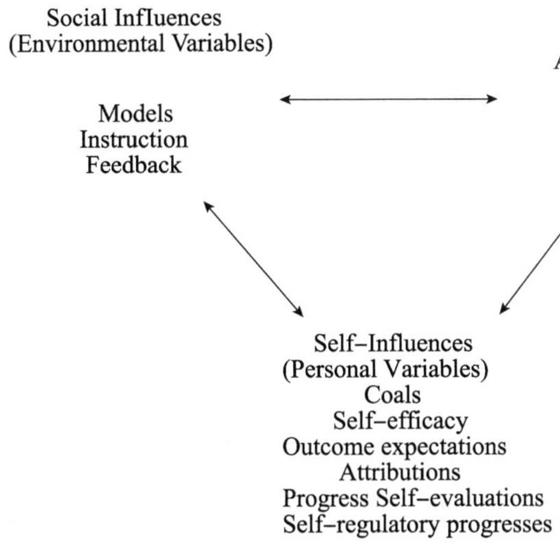

图3-1　三维交互观

表3-3　不同的认知风格对思辨能力的影响

学习策略	认知风格	
元认知策略	场独立	场依赖
1.确立学习重点	根据自己的评估去做	如果有人劝告他，他就做
2.计划自己的学习	感到很自然	感到不自然
3.评价自己的学习	感到很自然	感到不自然
社会交际策略		
1.问问题	只问与自己学习有关的问题	喜欢问问题
2.与别人合作	感到不自然	感到很自然
3.设身处地为别人着想	感到不自然	感到很自然

3．思维方式

多年的重复输入式和应试教育使得学生形成了思维定式。学生习惯于被动接受，习惯于教师和教材的安排，不会积极主动地进行逻辑分析和创造性思考。

4．学习风格

学生的学习风格也会影响其思辨能力的发展。学习风格包括多个维度，其在感知、记忆、思维等不同的学习活动中都表现出一系列个性化的特征，如表3-4所示。

表3-4　学习风格的构成

学习风格	感知	视觉
		听觉
		动觉
	思维	整体
		序列
	记忆	语词
		图像
		声音

首先，不同的学生对感知信息渠道的偏爱是不同的，有的学生习惯于通过视觉接收信息，有的学生习惯于通过听觉接收信息，也有的学生更加偏爱动觉渠道。

其次，学生在对信息进行再加工处理时特点也是不同的，有的习惯于从整体上进行加工，有的偏好序列性加工。

再次，学生对信息进行记忆存储的特点也有差别。有的通过语词的记忆，有的则通过图像或声音的方式记忆更加牢固。

最后，情感风格也是学习风格的一部分。学生在接受、处理信息的过程中对待周围人际关系的习惯方式也与思辨能力的形成有关。例如，有的学生习惯独自苦思冥想，依靠自身解决问题，有的学生则喜欢通过与他人讨论、合作来解决问题。

5．性格特点

心理学上，个体的性格有外向型（extrovert）和内向型（introvert）之分。学生的性格特征会影响其思辨能力的形成和发展，这也许可以用来解释外向型性格的英语学生要比内向型的学生更善于言谈的现象。不同性格的学生在理解方式和思维方式上都有很大的不同。表3-5可以较直观地体现不同性格的学生在外语学习中的不同表现。

表3-5　性格因素在外语学习中的表现

外向型学习者	内向型学习者
讨厌一成不变的教学方法和学习方法	喜欢固定的教学方法和学习方法
讨厌长时间进展缓慢地学习	不介意长时间地学习语言的形式和内容
对自己和他人如何学习感兴趣	对学习中的理论感兴趣
通过与他人的交流获得语言技能	通过独立的思考获得语言知识
喜欢面对面的口头交往	喜欢书面交往
敢于冒险，勇于使用第二语言进行直接的交流	使用第二语言表达前一般会先在头脑中预演

词汇是语言的基本构成单位，语法则是词汇的排列规则，没有词汇与语法，语言就不能成立。因此，词汇教学与语法教学不仅是大学英语知识教学中的重要组成部分，更是培养学生的思辨能力与英语思维习惯的重要方式。

第三节 大学英语知识教学思辨能力的培养

词汇往往具有多个层次的含义，如褒义、贬义、引申义、比喻义等。此外，不同的词汇在适用场合、固定搭配等方面都有自身的特点。因此，要想对词汇进行灵活、准确的运用，就离不开思辨能力的培养。

一、大学英语词汇教学

要想在词汇教学过程中提升学生的思辨能力，首先应对词汇教学有一定的了解，这样才能更好地使词汇教学与思辨能力的培养有机结合在一起。

（一）词汇教学的意义

在语言教学体系中，词汇教学的作用是十分重要的。学生学习英语的过程中，如果所掌握的词汇量不足，那么就会严重影响他平时的英语语言学习过程，严重者还会阻碍自己写作、阅读、交际等能力的发展。如果说结构是语言体系的基本框架，那么词汇就是语言体系大框架中的器官以及血肉，如果没有词汇作为基础，语言体系便无法传达其意义。也就是说，没有词汇，语言就不存在，人类在交际过程中也就不能使用言语顺利传达自己的想法，无法完成交际，更无法完成思维的转换和传达。因为人们之间的交际过程是通过词汇构成句子来实现的，人们在交际过程中所说的每一句话都是由词汇构成的，因而只有积累足够的词汇量，才能听懂他人的语言表述，才能顺利地表达自己的思想观点。

通过纵向分析人类语言的产生过程，我们可以看出词汇在语言产生的最初时期对交际有着很大的影响。随着交际形式以及内容的逐渐复杂，语法在话语组织中的作用也越来越大。分析儿童习得母语词汇，可以看出婴幼儿学习母语的第一步就是理解和使用词语，当婴儿听到妈妈说“smile”的时候，他们就会笑。刚学会说话的幼儿所说的基本都是单音节词语，如boy、girl等。可见，对词语的积累、理解和运用是学生语言应用能力的重要组成部分。因此，英语词汇教学作为学生学习外语的重要途径，具有很重要的现实意义。

（二）词汇教学的现状

词汇教学的重要性是不言而喻的。就目前的情况来看，词汇教学过程中仍存在一些亟待解决的问题，主要涉及学生、教师、教学等三个方面。

1．学生方面的问题

（1）习惯死记硬背

死记硬背是目前我国学生学习英语词汇较为常见的现象。很多学生不会直接识别单词的意思，而是依靠背诵来帮助记忆。这种记忆方式在初学或低年级阶段颇有成效，因为学生需要记忆的单词量有限。但是随着学习量逐渐加大，难度也日益加深，学生再机械地进行死记硬背就成了一种体力劳动，费力却收效不佳。

其实，英语单词也存在很多“偏旁部首”，并有各种构词方法，了解了单词构成的规律，再结合语境记忆单词，学生会收到事半功倍的效果。因此，学生在词汇学习中切忌死记硬背，而要灵活采用各种方法，在充分理解的基础上记忆单词。

（2）容易音形联系

在词汇学习过程中，很多学生往往意识不到字母在单词中的读音与单词的拼写之间的关系，也就无法利用词汇的拼写和发音规律记忆单词，这样学习的效率自然很低。

事实上，在英语单词中，读音和字母之间有很大的关系，如果能够运用好这个规律就能达到事半功倍的效果。例如，e通常发/iː/和/e/的音，而i通常发/ai/和/i/的音，掌握了这些发音规律以后，学生在背单词的时候就可以一边想单词的发音，一边对应单词的拼写，这样便会取得更好的学习效果。

2．教师方面的问题

（1）认识上的狭隘与片面

很多教师对词汇教学的认识过于狭隘和片面，甚至还有一部分教师认为词汇根本就不应该成为英语课堂所教授的重要内容，学生本身完全可借助于词典之类的工具书来习得，因而这种主观上的忽略就无形中导致了词汇教学的简单化、表面化。

（2）教学方法单一

词汇是学生在英语学习过程中最感头疼的部分。词汇的记忆和使用往往令学生感到枯燥、乏味。而综观我国的英语词汇教学可以发现，大部分教师依然采用传统的教学方法，即“老师领读—学生跟读—老师讲解重点词汇用法—学生读写记忆”。这种教学方法单调、乏味，学生处于被动的学习地位，这无疑加剧了学生对词汇学习的抵触情绪，词汇教与学的效果都不会太好。

（3）英汉思维对比缺失

就目前来看，英语教师在进行实际的词汇讲解时，仅仅是简单地对词汇本身音形义进行解释，大部分学生在进行英语学习时仅仅是采取死记硬背的学习方法。在对英语进行理解和使用时也通常是运用中文的思维进行思考，甚至还有学生机械地将中文译成英文，很难准确地运用词汇进行有意义的交流。

3．教学方面的问题

（1）教材系统性差

我国的英语教材基本都是按单元进行编排的，其中所包含的课文主题也都没有系统可循，几乎每一册教材都可能包含十个甚至更多的主题。这种编排看似全面、丰富，但并不能体现出词汇本身的规律与系统性。词汇的联系在于词义，如果课文没有一个共同的主题，就不能形成一个可以展开或聚合的体系，其直接结果就是学生在对这些词汇进行应用、记忆、复述、联想时必然陷入一种无章可循的散乱状态。

（2）文化背景欠缺

在当前的一些现存教材中，有些词汇教学的内容根本没有将文化和语言密切结合，而仅仅是以注释、背景知识等形式简单地反映文化内容，在一些具体的练习部分也没有很好地将文化知识和语言训练相结合。

（三）词汇教学的内容

单词的结构要素包括三个：音、义、形。其中，语音是词的物质外壳，意义是对具体情境的客观反映，词形则是记录语音的一种书面符号。可见，对于英语词汇教学的内容，首先就要将单词的音和义相结合，将单词的音和义之间建立联系，因为单词是音和义的综合体。

首先，在具体情境中，单词实现了音和义之间的紧密结合。由于社会交际以及传播、记载的需要，单词才产生了记录语音的书面形式，也由此就出现了现实生活中人们可以看得见的音、义、形结合体——单词。

其次，语音和词义之间并不存在必然和本质的联系。单词本身所具有的音和义是由社会约定俗成的。词音和词形只是一种符号。词具有符号和意义两个特征。意义是对客观世界进行概括而形成的概念。

最后，语音作为词的物质外壳，与客观世界并不存在直接的联系。语音之所以能够与客观世界建立联系完全是由于意义的存在，是意义对客观世界的概括。人们能够用语言进行交际，就是因为语言的音和形代表着一定的意义。因此，对于单词的三个构成要素而言，意义是最重要的方面。

综上可知，英语词汇教学最本质的特征是揭示词或语言音与形的联结和转换及其在具体情境中的实际意义，进行有意义的交际、有意义的语言教学，这同样也是英语词汇教学的核心内容。

（四）词汇教学的原则

大学英语词汇教学并不是毫无章法的、随意的，需要遵循一定的教学原则。正是有这些原则的指导，大学英语词汇教学才能向着正确的方向发展。具体来说，大学英语词汇教学需要遵循如下几项基本原则。

1．直观性原则

一般来说，教材中的词汇多为活用词汇，因此在大学英语词汇教学中，教师需要真实的、逼真的语言环境，让所学的词汇以直观的形式展现于学生面前，这种直观形式有助于提升学生的学习兴趣和积极性，从而将学生的注意力集中起来。同时，在真实的环境中，学生能够感受学习词汇的意义，促使他们主动、积极地学习，最终推动词汇教学取得良好的效果。

2．趣味性原则

兴趣在教学和学习中有着重要意义。同样，在大学英语词汇教学中，教师也需要调动学生的兴趣和积极性，通过网络、多媒体等手段，将枯燥的词汇教学变得富有活力，从而将学生的词汇学习动力激发出来。一旦学生拥有了学习兴趣，那么也会积极地探究词汇的意义，并将学到的词汇付诸实践，学生的词汇能力也必然会逐步提升。

3．音、形、义相结合原则

对于单词来说，其音、形、义是相互影响、相互联系的，因此教师在词汇教学中应该将词的发音、外部形式、表达意义结合起来。在传统的词汇教学中，教师过于强调单词发音的准确性，却忽视了单词的一些语音特征。也就是说，除了发音外，词汇的语言特征，如拼读、节奏、重音、语调、连读、音变等也需要加以重视。

为了能够更好地进行词汇教学，教师可以将音、形、义进行总结和归类，从中发现不同单词的音、形、义的特点，从而便于学生的记忆。

4．渐进性原则

词汇的教学需要遵循循序渐进的原则，一步一个脚印，逐层递进，逐层加深。在英语中，同汇的数量多达上百万，有简单词汇，也有复杂词汇，因此对词汇意义和用法的讲解应该从少到多，从简单到复杂，做到循序渐进.

对于首次出现的词汇，教师在教学中不应该超出所学材料的范围；随着材料内容不断加深，学生对词汇的用法和意义不断增加，词汇教学也需要扩大难度和范围。可见，词汇教学不能急于求成，应与学生学习和认知的规律相符合，将词汇学习的客观规律反映出来。

5．重复性原则

在学习词汇时中国学生普遍存在“学得快，忘得快”的情况，这主要是因为学生学完词汇后，没有及时地巩固和复习。德国著名心理学家艾宾浩斯（Ebbinghaus Hermann）通过研究人类的遗忘规律，提出了著名的“艾宾浩斯遗忘曲线”。他指出，遗忘规律呈现先快后慢的趋势。简单理解，就是词汇学习后的第一天遗忘的速度是最快的，如果学生不能及时进行巩固和复习，那么他们所学的词汇知识就只能剩下25%左右。当然，随着时间的延长，遗忘的速度会减慢，数量会减少。到了第六天，学生就很少会发生遗忘的情况。也就是说，如果学生能够坚持巩固和复习，到了第六天后，他们掌握的词汇知识就储存下来了。

因此，教师要及时督促学生对所学词汇进行巩固和复习，并引导学生反复进行一些词汇训练，提高单词的浮现率，让学生不断加深理解，巩固自己的记忆，最终能够对这些词汇进行灵活运用。

二、词汇教学中的思辨能力培养

众所周知，英语词义丰富多变，词的含义范围比较宽，词义对语言环境的依赖比较大，故有“词本无义，义随境生”的说法。因此，在词汇教学中培养学生的思辨能力，应使学生能够在词汇的记忆、理解、使用、辨析等方面达到熟练与准确的要求。在具体的教学实践中，教师可对联想、构词法、网络多媒体、语义、情景等教学方法进行灵活运用，为学生提供在多种环境下与词汇进行接触从而体会、理解词汇含义的机会，使他们在不断接触的过程中提高对英语词汇的思辨能力，并在具体情景中能够恰到好处地运用词汇。

（一）联想教学法

联想教学法是英语词汇教学使用得最频繁的一种方法。具体而言，就是在词汇教学的过程中帮助学生建立有效的联想学习词汇。例如，可借助于学生比较熟悉的事物或例子来有效地引导学生进行词汇联想学习，或者可以联想同英语国家的习俗和文化习惯相关的内容来帮助学生学习词汇。就natural disaster这一词组来看，识记了该词组的真正意义后，还可以该词为基础进行如下联想，如tsunami、earthquake、typhoon、mud-flow、drought、flood等，这些都是与自然灾害相关的词汇。

（二）构词法教学法

英语词汇数量庞大，但这些词汇的构成并非杂乱无章。具体来说，很多英语单词是通过派生法，即由词根和词缀组成的。词根的含义就是单词含义的基础，了解词根的含义，然后再根据前缀和后缀的不同特性判断出词的含义。可见，构词法教学法在学生思辨能力的培养过程中具有十分积极的意义。

1．英语前缀

前缀的主要作用是改变词的含义，但它不改变词性。下面是英语中常见的一些前缀。

ant-，anti-，表示“反对”“反”“抗”“非”，如anti-hero（非传统式英雄）、antibody（抗体）等。

counter-，表示“与相反”“反”，如counterplot（对抗策略）、counterattack（反击）等。

de-，表示“除去”“向下”，如defunct（已消亡的）、dehydrate（脱水）等。

dis-，表示“与相反，不”，如disadapt（使不适应）、disallow（不承认有效，不接受）等。

mal-，表示“恶、不良”，如malnutrition（营养不良）、maltreat（虐待）等。

micro-，表示“小的”“微的”，如microbiology（微生物学）、microchip（微晶片）等。

non-，表示“无、非、不”“假、劣”“缺乏传统特征的”，如non-conductor（绝缘体）、noninvolved（拒绝介入的）等。

re-，表示“再”“又”“复”，如react（反作用）、reconsider（重新考虑）等。

post-，表示“在之后”，如postscript（附言）、post-war（战后的）等。

pre-，表示“在之前”，如prearrange（预先准备）、pre-emptive（先发制人的）等。

un-，表示“不”“非”，如uncooperative（不合作的）、uncorrectable（不能修复的）等。

under-，表示“在之下”“不足”，如underfeed（不喂饱）、underground（地下的）等。

2. 英语后缀

后缀的作用主要是改变词性，但不影响词的含义。英语词汇的后缀根据其在构成新词时的词性可以分为四类：名词后缀、动词后缀、形容词后缀、副词后缀。

（1）名词后缀。例如：

-age，表示“度”“量”，如postage（邮费）、percentage（百分率）等。

-dom，表示“状态、领域”，如wisdom（智慧）、kingdom（王国）等。

-ee，表示“受的人”，如trainee（学员）、detainee（被扣留者）等。

-hood，表示“某种状态或时段”，如falsehood（谬误）、brotherhood（手足情，兄弟关系）等。

-ity，表示“品质或实例”，如equality（平等）、productivity（生产率，生产力）等。

-ness，表示“状态、品质、程度”，如goodness（善良）、correctness（正确）等。

-ry或-ery，表示“与……相关的状态或行为”“场所”“集合”，如surgery（外科手术）、slavery（奴隶身份，奴隶制）等。

-（t）ion，表示“某动作导致的状态或机构”，如alternation（交替）、complication（复杂化）等。

（2）动词后缀。例如：

-ate，表示“成为”“使化合”，如hyphenate（用连接号连接）、chlorinat（使氯化）等。

-en，表示“使有”“变得有”，如shorten（变短）、heighten（使变高，使增大）等。

-fy或-ify，表示“使成为”“使有”，如classify（分类）、beautify（美化）等。

-ize（ise），表示“使变成”“使化”，如dramatize（改编成剧本）、criticize（批评）等。

（3）形容词后缀。例如：

-able（有-ible和-ble两种变体），表不“可的”“值得的”，如contemptible（可鄙

的）、washable（耐洗的）等。

-al（有-ial和-ical两种变体），表示“有……的”“似……的”“适于的”，如economical（节俭的）、philosophical（哲学的）等。

-ful，表示“充满着的”“有……的”，如useful（有用的）、faithful（忠诚的）等。

-ive，表示“有倾向”“具有性质”，如interrogative（疑问的）、creative（有创造性的）等。

-less，表示“无……”“缺乏……”，jobless（失业的）、childless（无子女的）等。

（4）副词后缀。例如：

-fold，表示“倍数”，如tenfold（十倍）、hundredfold（百倍）等。

-ly，表示“程度、次序、某一时间”，如recently（最近）、firstly（第一）等。

-ward（s），表示“方向，向”，如upward（向上）、homeward（向家走的）等。

-wise，表示“方式”“方向”“方面”，如education-wise（教育方面）、weatherwise（在气候方面）等。

（三）网络多媒体教学法

词汇教学的根本目标是以尽可能完备的形式，让词汇信息知识进入学生的长时记忆中，并且能够随时进行提取，达到熟练的程度。如前所述，学生对词汇死记硬背的情况较为突出，这样的方法不仅难以掌握词汇的根本含义，活用活学也会成为一句空话。基于网络多媒体的大学英语词汇教学能够为学生提供更便利的词汇学习条件，有利于学生在实践训练中提升思辨能力。

在词汇教学中采取网络多媒体教学法，具体可从以下两个方面入手。

1. 加强词汇知识多渠道的注入

与英语学习相关的因素有教师、学生、教材、教学设备等，其中学生是最为关键的因素。在网络多媒体环境下的词汇教学中，教师应该让学生输入足量的语言信息，使学生能够使用这些语言信息进行自然的交流。换句话说，就是要求教师给予学生提供更多真实的语言环境。根据“语义场”的理论，学生可以通过扩大语义网来扩充词汇量。同时，网上也有很多的网站可供学生学习和练习词汇，也有对词汇进行测试和阅读理解的内容，这都是扩充学生词汇量的渠道。

此外，很多学习资料也包含音频资料，学生可以根据需要下载听取，对自己的词汇知识进行巩固。在线字典可以帮助学生解决遇到的生词，网络搜索引擎可以扩充学生的词汇输入和词汇学习渠道，解决词汇学习中遇到的语言障碍和文化障碍。

在知识输入的过程中，教师应该注意学生对词汇知识的掌握程度，观察学生是否能够将所学的词汇与具体事物和概念联系起来，是否掌握了词的上下义关系、语体风格、感情色彩等。当然，这些在网络多媒体环境下是比较容易实现的。例如，在学习同义词时，教师可以将相关词语的不同点和不同用法运用公式和图表的形式呈现给学生，并通过文本和声音将大量例句输入给学生等。只有这样，学生才能在短时间获取有效信息，扩大自身的词汇量。

2．注重学习过程，培养个性化和自主学习能力

除了要给学生提供充足的网络学习资源和网络教材外，教师还可将词汇知识、词汇学习要求、词汇测评等制作成网络课件（HTML文件）或者PPT文件，并将这些课件置于Web服务器上，不同水平的学生根据自己的情况选择自己的学习策略和进度，通过浏览这些网页来完成词汇的学习。

当学生完成某一阶段学习后，就可以进入下一个阶段，但是无论处于哪一阶段，都需要自我监控。在学习的过程中，网络多媒体起着鼓励和刺激的作用，其提供的网络空间和丰富资源也扩大了学生词汇学习机会，激发学生的学习兴趣和积极性。

（四）语义教学法

词汇的语义关系主要有同义、反义、上下义、同形异义、分类、因果、顺承等关系。在词汇教学过程中采取语义教学法，向学生传授一些利用语义关系来掌握词汇的方法，不仅可提高学生的思辨能力，还有利于他们深化对词汇的理解，提高词汇的记忆效率。

1．借助于反义关系

反义词是指那些词义相反或对应的词，反映了事物之间的矛盾对立现象。把具有矛盾关系的词汇进行归类，有利于实现持久记忆。例如：

advantage—disadvantage　　agreement—disagreement

appear—disappear　　believe—doubt

cheap—expansive　　enormous—tiny

praise—blame　　complex—simple

for—against　　envy—satisfaction

careful—careless　　different—same

shallow—profound　　poverty—wealth

2．借助于近义关系

顾名思义，近义词具有相近的词义，但又存在细微差别。将近义词集中归类，利用学过的与新词近义的单词来解释新词，可以收到“学新习旧”的效果。例如：

quit的近义词有desert、abandon、forsake……

perfume的近义词有aroma、scent、fragrance……

gain的近义词有attain、acquire、achieve、obtain…….

illustrate的近义词有demonstrate、represent、clarify、depict、elucidate……

3．借助于逻辑关系

单词并不是孤立存在的，而是与其他词汇存在某种逻辑关联，这就使通过逻辑联想的方式来记忆单词成为可能。一般来说，词汇之间的逻辑关系主要包括以下几种。

（1）类属关系。例如：

Tigers are animals. Monkeys are animals. Tigers and monkeys are both animals.

Trees are plants. Vegetables are plants. Trees and vegetables are both plants.

Animals and plants are both living things. So，tigers，monkeys，trees and vegetables are all living things.

（2）先后顺序或自然顺序。例如：

February comes after January.

March comes after February.

April comes after March.

（3）因果关系。例如：

John slept soundly in class yesterday because he stayed up late the night before.

（4）同位关系。例如：

Chairman Mao is the founding father of PRC.

Washington is the founding father of America.

Mei yanfang is the superstar of Hong Kong，China.

Madonna is the superstar of America.

4．借助于范畴关系

教师可带领学生将属于同一范畴的词汇归纳在一起，后学到的词汇再分别补充、添加，使词汇应用起来方便、快捷。例如：

音乐：solo、tune、viola、violin、piano、composer、chant、cello、symphony、harmony……

环保：ozone layer、upper atmosphere、industrial sewage、greenhouse effect、carbon dioxide release……

地质：ice sheet、molten lava、quartz sand、rock layer、soft water、sedimentary rock、dormant volcano……

（五）情景教学法

词汇教学的最终目的是用于交际，而我国处于汉语的语境学习之中，为了更好地让学生切实地理解并运用词汇，需要结合具体的情景采用情景教学法进行教学。情景教学是指教师通过语言、教学设备等工具为学生创设一个真实的，集听、说、看等多种感官于一体的语言环境，让学生真正地接触到真实的英语情景，给学生提供使用英语的机会。在这样的情景下，学生的主观能动性被充分调动起来，因而能够在思辨中深刻地掌握词汇的含义、用法，避免忘记，不断地提高词汇的学习效率。例如：

When foreign guests visited our school yesterday，we gave them a hearty welcome.

When I got in to the room，my friend said“Welcome to you”.

通过创设这一英文的文字情境，学生就很容易理解welcome一词的含义和用法。

另外，词的许多语音特征、变化规律以及不同意义的展示也只有在话语情景中才能综合体现出来。

常用的情景教学法主要包括以下几种情景。

1. 课堂情景

教师在词汇教学的过程中，可以使用图片、实物、教具等材料创设一定的课堂情景，让学生有身临其境之感。例如，在教授颜色词时，教师可以利用图片或实物进行颜色词汇教学，充分调动学生的听觉和视觉，让学生真实地感受颜色词汇的含义和用法。

在教授天气变化词汇时，可以借助多媒体设备进行词汇教学。通过多媒体技术将各种天气变化词汇，如sunny、rainy、windy、cloudy等，以多媒体图片、声音或者视频等形式让学生亲身地感受不同的天气所对应的单词，这样词汇与情景相结合的教学方法有利于加深学生对词汇的印象以及更能充分地理解该词汇的含义，最终有利于促进学生词汇学习效率的不断提高。

2. 实际的生活情景

在词汇教学中，教师可以根据学生的生活阅历创设一定的生活情景来更好地进行词汇教学。教师可以用一些辅助教学工具布置各种商店，如水果店、书店、文具店、蛋糕店、礼品店等，将所学的词汇用于这些生活情景中，通过使用简单的句式进行词汇练习。例如：

What can I do for you?

What would you like?

I'd like a piece of cake.

通过上述生活情景的练习，学生在学习词汇时就会注重词汇的实际应用，而不再仅仅以单词的记忆为主。

3. 表演情景

当学生积累一定的词汇之后，为了让学生更深入地理解词汇的应用，教师可以为学生创设一定的词汇表演情景，将所学词汇以表演的形式呈现出来。常用的表演情景包括对话表演、歌曲表演、话剧表演等。

表演情景的词汇教学不仅有利于激发学生词汇学习的兴趣，还有利于增强学生词汇运用的能力。

第四节　大学英语文化教学思辨能力的培养

英语语法具有内容丰富、体系庞杂等特点，这些特点使得语法教学与学习的过程也成了一个单调而漫长的过程。需要特别说明的是，要想从本质上掌握语法，就必须提高学生的思辨能力，这样才能使学生在理解语法精髓的基础上，在具体的语境中对语法进行准确的运用。

一、大学英语语法教学

从意义、现状、内容、原则等层面深化对大学英语语法教学的理解，不仅可以提高教学的针对性与有效性，还对学生思辨能力的提升大有裨益。

（一）语法教学的意义

语法教学是英语教学的重要组成部分，其意义主要表现在以下两个方面。

1．夯实英语语言的基础

词汇是句子的重要构成部分，借助英语词汇组建句子并不是无章可循的。通常情况下，只有符合语法规则才能构建正确的句子。语法教学的主要目的在于让学生掌握英语这门语言中的一些遣词造句的具体规则。这些遣词造句的规则对语法知识的学习和英语这门语言的学习都具有非常重要的调整功能。

2．使英语听说能力趋向精确化

语法是语言组织规则的一种，借助于语法能够让学生在词汇量有限的情况下遵照相应的语法规则创造出无限的句子。因此，开展英语语法教学能够使英语的听力理解和口语表达向精确化方向发展，并且能使听力理解和口语表达更加精确。假如在实际的交际环境下频繁使用没有语法规则的句子，通常会导致交际障碍产生，并且也不利于交际活动的正常进行。

（二）语法教学的现状

1．英语语法课的缺失

就当前来看，绝大多数的学校所开设的公共英语基础课，学生所学到的知识通常是围绕英语教材开展的，通常一周仅仅安排四课时的英语课，并且主要类型大多是精读、听力或听说。在有限的课时中，英语教师通常还需要完成单词和课文的讲解以及练习讲解等多重化的任务。在此情况下，有些教师为了更好地完成教学任务，通常会少讲或者不讲语法规则。长此以往，这样的语法教学就会缺乏有力的监督，这对学生的发展是非常不利的。

2．语法教材过于单一

通过对当前市面上的英语语法教材进行分析，不难发现，很多英语语法教材都是按照语法知识的系统性特点进行编写的。尽管英语语法教材类型多样，但是却大同小异。最为常见的语法教材有张道真的《实用英语语法》、薄冰的《英语语法》等。纵观全国的高校，也不难发现，很多使用的语法教材也大多都是这几位编者编写的。当然，也不乏存在一些学校的英语教师也使用自己编写的语法教材，但是这些教材往往都是以语法知识的系统性为出发点进行编写的，因而形式相对比较单一，内容上也通常会给人以千篇一律的感觉。如果这些语法教材太过陈旧，通常会使学生感到枯燥乏味，使用这样的教材进行授课，有时也会无形中降低语法教学的效果。

3．教师对语法教学的忽视

当前，存在着很大部分学校非常重视培养学生英语的运用能力，特别是重视提升学生的听说能力和写作能力。因此，在英语课堂上教师也日益倾向于使用交际教学法和听说教学法。但是，有一部分教师却将语法同交际法教学相对立，并存在以下错误的认识，即学生的语法知识是在日常语言的使用过程中逐渐提升的。进而导致了如下事实，在进行实际的语言交流过程中存在着很大一部分学生并不能够较为精确地进行思想表达的情况，其实这恰恰就是对语法教学忽视的结果。

另外，还存在着一部分英语教师，他们认为学生在中学时期已经学过了语法，在高校时期就没有必要再开设语法课，这种观点其实是欠科学的。通过对一些高校新生的语法素质进行分析不难发现，很多学生在中学时代所学的语法内容并不完善，语法内容的难度也比较小，学生升入高校之后依然需要教师就该阶段要学习的语法内容进行说明、讲解和归纳，对学生所要学习的语法内容进行强化训练，引导学生夯实和巩固，从而使学生能够达到对语法掌握并灵活运用的目的，这样一来也能使语法教学收到事半功倍的效果。

4．学生对语法学习的抵触心理

当前，存在着很大一部分学生对英语语法学习本身持以消极的心态。这种现象之所以产生，主要归咎于以下方面的原因。

（1）有一部分英语成绩比较好的学生自以为有比较好的语法基础，到了高校阶段后便开始放弃对英语语法的深入学习，这种观点其实也是非常不好的，如果学生的语法功底不够扎实，当学生在遇到一些长难句、复杂句时，理解起来依然会很吃力。

（2）有一部分学生受到四、六级考试和交际英语等的影响比较大，对考试通过率以及口语交流等一味追求，甚至认为语法学习同他们的英语语言水平的提升，特别是听说能力的提高等作用并不大。

（3）有一部分学生受到了传统英语教学的影响比较深重，将语法教学同识记语法规则以及做大量的语法习题相等同，学生由于在中学阶段已经反复经历，往往会对这种教学模式非常厌倦。

综上可知，上述诸多对语法学习的抵触心理都会对英语语言的深入学习埋下隐患。

（三）语法教学的内容

在英语语法教学中，应培养学生掌握一些使用比较频繁的词组和惯用句型。一方面有利于提高学生的表达能力，另一方面有利于提高学生的理解能力。

1．句型教学与语法知识教学相结合

人们在表达思想或理解别人思想的过程中，通常都需要掌握各种不同类型的句子结构和语法知识。然而，在外语教学的初始阶段，由于学生所掌握的语言材料相对比较少，如果过早给学生讲解语法知识就会让他们感到费解。因此，教师可先通过句型教学的方法教授语法，让学生能直接理解并掌握句子的意思和结构。学生接触到一定量的语言材料之后，再进行归纳总结，引出定义、规则等，这样就能使学生有效地掌握句型以及相关的语法知识等。

2．语法知识和语法意义教学相结合

语法教学还应将语法规则同语法意义的教学有机结合。而不能仅仅局限在对语法规则的讲解、训练等方面，不能仅仅重视语法结构、形式等，还应对语法的意义给以充分地考虑。要不然，即使学生掌握了语法规则，也很难正确地使用。事实上，在英语中存在着很多项目都具有语法功能，但是，其意义却差别很大。例如，英语中的很多介词的意义和用法的区别都非常复杂。因此，在讲解语法规则的过程中，就应注意将讲解语法规则同语法意义有机结合起来，将语法规则置于具体的交际语言环境中，通过适当的语境来传达语法信息，以此来提高学生运用语法的准确性。

（四）语法教学的原则

在大学英语语法教学中，教师需要在一定原则的基础上展开教学。在这些原则的指导下，才能最大限度地激发学生的语法学习兴趣，调动他们的学习积极性，最终提升自己的语法能力。

1．交际性原则

语言学习的目的是为了进行交际，因此大学英语语法教学还需要坚持交际性原则。交际能力包含语言能力，语言能力是交际能力的基础和起点。如果学生没有掌握基础的语言知识，那么就很难将这些知识运用到实践中。如果一个人具有很强的语言能力，那么他必然也是在不断的语言交际中培养出来的。因此，语言能力与交际能力是相互影响的。在大学英语语法教学中，教师首先将语法知识传授给学生，进而需要引导学生与他人进行交际，让学生做到学以致用。

2．动机性原则

在英语学习中，动机是学好英语的重要保证，这在大学英语语法教学中也不例外。对于传统的大学英语语法教学来说，语法知识枯燥、知识点零碎复杂，这些都导致学生对语法学习失去了兴趣。因此，激发学生的学习动机是十分必要的。

3．系统性原则

众所周知，语言是一个完整的系统，而语法是这一系统中最突出的表现，因此大学英语语法教学也需要坚持系统性原则。教师要遵循系统性原则，不仅要求教师从教材的语法系统出发展开教学，还要求教师的语法教学内容应该与现代教学统一起来，这样才与语法发展的规律相符合。

语法项目内容比较多，教师不可能在短时间就全部传递给学生。但是，作为一个严密合理的系统，其整体的功能必然大于部分之和，因此教师可以从整体上让学生感知语法规则，然后再引导他们学习语法的各部分内容，最终实现点到面的发展，构建自己的语法系统。

4. 情境性原则

在讲授大学英语词汇教学时，其中涉及了词汇教学需要考虑情境，其实这也适用于语法教学。也就是说，语法教学也需要坚持情境性原则。这是因为，如果讲解语法采用生硬的形式，就会让学生感到枯燥，即使学生弄清楚了其基本规则，也不会准确运用。但是，如果语法教学中坚持情境性原则就可以避免这一点的出现，也可以打破传统语法教学的弊端。

另外，教师在进行语法教学时，还需要建立学生感兴趣或者与学生生活接近的情境，用生动、形象的语言将语法规则展示出来。

5. 针对性原则

所谓针对性原则，是指教师在进行语法教学时要有针对性，即针对学生的薄弱层面展开教学。由于受地域差异的影响，高校生的语法水平存在差异，再加上大班教学的模式，导致出现了高低差异。因此，教师应该针对不同班级、不同水平，对学生进行有区别的对待，采取针对性的措施。如果学生的语法能力强，自身语法水平高，那么教师就可以引导学生直接进入巩固性的交互活动；如果学生的语法能力弱，自身语法水平低，那么教师就需要帮助学生巩固自身的语法基础，然后针对学生的语法弱项来进行讲授，对个别研究的语法问题要给予特殊的处理。

二、语法教学中的思辨能力培养

“一学就会、一用就错”是很多学生在语法学习过程中遇到的情况，记忆为主、思辨不足是造成这一现象的主要原因。因此，为了切实提高学生的语法思辨能力，教师可采取归纳法、演绎法等多种教学方法。此外，网络多媒体、思维导图、简图呈现等有利于语法知识的直观呈现，能够启发学生从语法知识、语法规则以及语法适用条件等层面对一些容易混淆的语法项目进行思考与辨析，从而提升其语法思辨能力。

（一）归纳法

归纳法遵循从具体到一般的过程，强调以学生为中心，主张引导学生自己发现语法规则。可见，运用归纳法进行语法教学使学生先感受语言的真实使用过程，随后在语言使用中归纳句子模式并进行概括、总结。在归纳的过程中，学生必然要对语法的使用规则、条件与范围进行比较与分析，从而在不知不觉中提高思辨能力。

教师引导学生进行归纳时，通常可采取以下步骤。

（1）对语言材料进行提炼。这就要求学生提升对某些特殊的语法知识点的意识。

（2）所提炼的语言材料需要学生自己进行筛选、归类以及重构。

（3）学生能在分析、归纳语言材料的基础之上，明确地叙述普遍适用的语法规则。

例如，运用归纳法讲授“so/such...that”这一语法现象时，可采取以下步骤。

第一步，教师向学生提供以下句子。

He is such a nice person that he is willing to help anyone.

I was so tired that I could do nothing but go to bed.

It is so cold today that most people stay inside.

It is such a cold day that most people stay inside.

It is such a difficult examination that most of the students have failed it.

It is so difficult an examination that most of the students have failed it.

第二步，教师向学生抛出以下问题，引导学生进行反思。

Which word goes before a noun，with or without an adjective？Which word goes before an adjective on its own，so or such？

第三步，学生在反思的基础上，进行归纳总结。

语法结构一：So+adj.

语法结构二：Such+（adj.）n.

实践证明，很多语法点通过归纳法进行讲授都能取得良好的效果。学生通过自身亲自思考、观察、分析和对比总结出来的规律性规则，印象也会比较深刻。

（二）演绎法

由于语法教学的抽象性特点，因而运用演绎教学法进行语法教学非常普遍。这种教学法具体指的是运用一般的原理对个别性论断进行证明的方法。演绎法的具体运用过程其实就是由一般到特殊的过程。运用该方法进行语法教学时，教师可先简单地向学生提出抽象的语法概念。紧接着进行举例分析和说明，将这些具有抽象性特点的概念引用到具体的语言材料中，并借助于大量的类似的练习材料来帮学生学会独立地运用这些语法点。例如，在讲授情态动词这一语法现象时，可将一些比较常见的情态动词的可能性大小演绎，如图3-2所示。

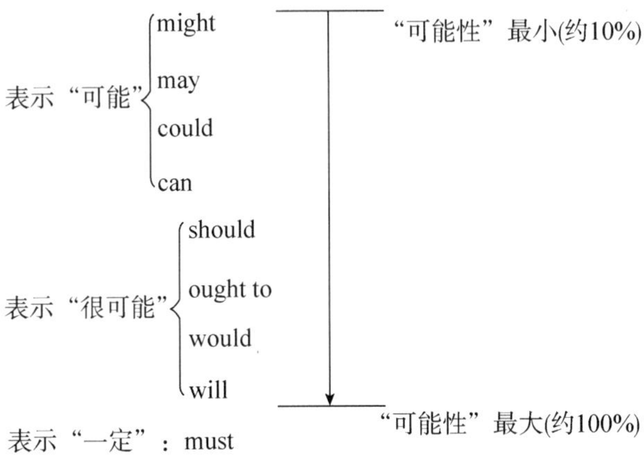

图3-2　常见情态动词“可能性”大小演绎示意图

需要尤加说明的是，以上的这些表示推测性用法的情态动词本身并没有时间上的差异。按照动作所发生的具体时间，情态动词的“推测性用法”又可具体分为如下几种。

（1）用来表示对“过去已完成事物的推测”。

谓语可表示如下：

情态动词+have done（过去分词）

Mary ought to have finished her homework by now.

到现在玛丽应该做完作业了。

（2）用来表示对“现在或将来事物的推测”。

谓语可表示如下：

情态动词（动词原形）

She must know what he mean.

她一定知道他的意思。

（3）用来表示对“过去进行事物”的推测。

谓语可表示如下：

情态动词+have been doing（现在分词）

Lucy should have been studying yesterday morning.

昨天早上露西很可能在学习。

（4）用来表示对“现在进行事物的推测”。

谓语可表示如下：

情态动词+be doing（现在分词）

Peter should be playing cards with his classmates.

彼得很可能在跟同学打牌。

（三）网络多媒体教学法

利用网络多媒体等先进的教育技术有利于在语法教学中创造轻松、愉快的气氛，降低学生的学习焦虑，并有效调动他们的学习积极性，使他们积极进行思考，提高思辨能力与学习效果。具体来说，在语法教学中采取网络多媒体教学法可从以下几个方面入手。

1．利用课件呈现语法知识点

教师可充分利用网络多媒体课件，将语法知识点、语法句型等呈现给学生，从而通过生动、形象的输入来帮助学生进行理解与记忆。

例如，教师在讲授listen、watch等词的一般过去式、正在进行时的时候，就可以将-ed与-ing形式运用下划线、不同颜色标注出来，或者可以设置为有声导入，这可以集中学生的注意力，还能引导学生对规律进行总结，实现举一反三。但是，对于see、think这些特殊动词，可以使用图标的形式展现出来，让学生进行记忆。

2．提供真实情境运用语法知识点

语法的学习不仅要掌握语言形式和语言意义，还需要学会使用。在网络多媒体环境下，语法学习具备更逼真的环境，有助于帮助学生将掌握的语法知识进行内化，进而创造性地输出。同时，利用网络还可以播放相关片段、图片、对话等，这些都有助于学生对语法知识的运用。

例如，教师可以将学生日常生活和学习中正在做的事情拍成照片，然后打印出来，学生根据照片理解“正在进行时”这一语法知识点，因为这些都是学生的亲身经历，因此更容易让学生理解和运用。

3．采用课后拓展模式

很多语法知识仅仅依靠课堂上的短暂教学是很难掌握的，因此教师还应采用课后拓展模式。

（1）通过E-mail形式进行辅导和交流。这不但可以打破时空的限制，还可以缓解课堂的紧张气氛，让学生更为轻松，也是将课堂内容延伸到课堂外。

（2）创建讨论组以实现资源共享。在讨论组中，教师将预先设计好的指导性问题和相关内容上传，学生可以提前进行预习，如果有问题可以提出问题，大家也可以参与讨论。

4．结合听、说、读、写、译等练习语法知识点

语法教学不能是独立的，而应该与听、说、读、写、译结合起来。教师可根据所教授的语法知识、语法教程给学生安排其他技能练习，帮助学生对语法知识进行巩固，内化为自己的可理解性输入，例如，教师可以为学生提供一小段不完整的听力材料，然后再播放完整的听力内容，要求学生听完后将不完整的部分补充完整，进而要求学生进行跟读模仿，最后进行相关话题讨论。

（四）思维导图法

思维导图是一种用以表达放射性思维的有效图形工具。在语法教学过程中运用思维导图法，能够更充分有效地利用文字、图片和关键词，以实现对语言知识点的有效整合，使其中的重点和难点以及优秀成分突显出来，这样不仅能够更好地刺激学生的记忆，而且还能激发学生的学习热情，引导学生积极思考。

1．思维导图法的类别

概括来说，语法教学中可采取的思维导图主要包括以下几种。常见的语法分析图图解具体如图3-3所示。

语法分析图图解是根据奥苏贝尔的有意义学习理论建构的。根据奥苏贝尔的观点，概念意义上的学习可以分为上位学习、下位学习以及组合学习这三大类型。例如，在学习英语单词时，在不同的学习阶段，通常会学到同一个单词的不同含义和用法。随着学习内容和深度的增加，在进行复习和汇总时，就需要对同一个单词的含义、用法或者表示相同含义的不同单词的用法做一个阶段性的总结。例如，clean

的语法分析图如图3-4所示。

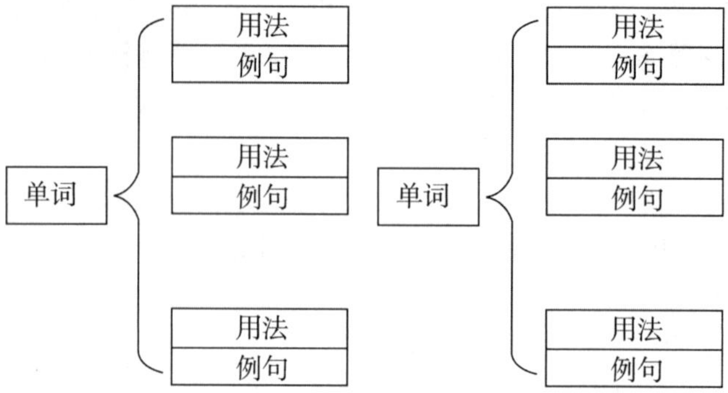

图3-3　语法分析图图解

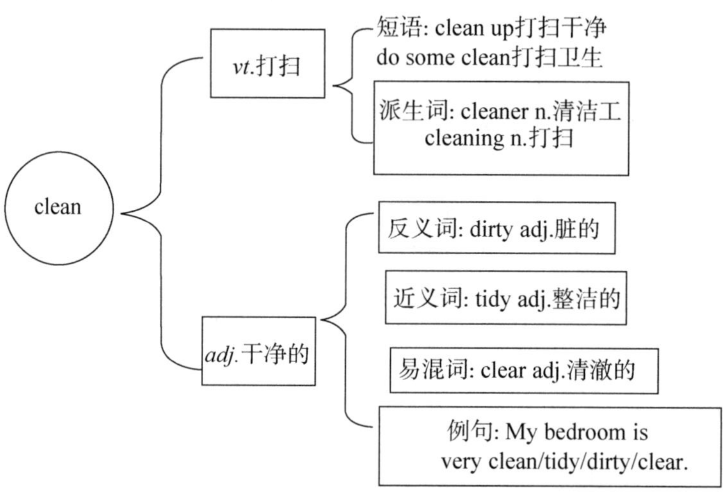

图3-4　单词clean的语法分析图例

（1）头脑风暴图

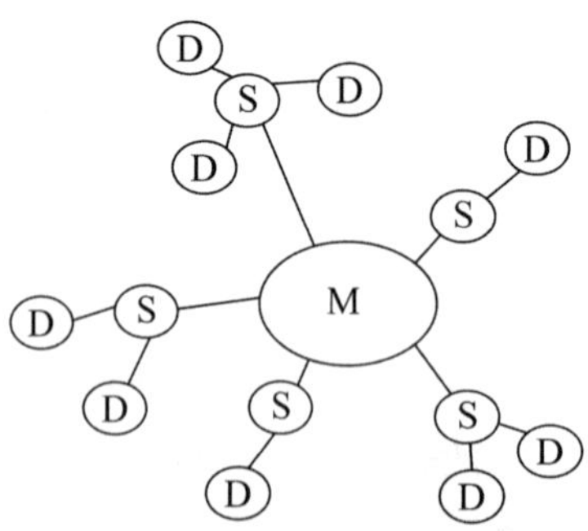

图3-5　头脑风暴图

在图3-5中，M为中心词，S所表示的是借助于同主点和D相关的中心话题，S表示的是节点。这种类型的思维导图有一个显著的特点，即将某个单一知识作为着眼点，选择一个中心词。学生可进行自由的联想和想象，会随机选择一些同中心知识相关的知识内容（单词、词组或者语法等），然后由知识点来触发其他知识，最后进行相应的归纳以及总结回忆。

（2）分层结构图

分层结构图也是一种常见的思维导图的设计模型，如图3-6所示。

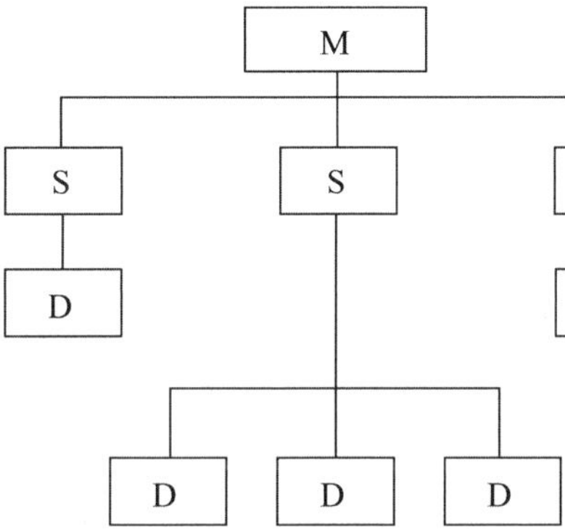

图3-6　分层结构图图解

分层结构图具有层次清晰的特点，在上层和下层逐层存在着清晰的隶属关系或者借助于层层的解剖，从整体到主要分块然后再到细节。通过这种类型的图形，就能使某一内容块的结构一目了然。当然，还可以借助于分层结构图中关键词的使用来引导同学生的互动，在互动中对相关内容进行复习。此外，还可以借助于这种分层结构图解的形式引导学生对课文或作文题目进行逐层分析，从而更好地培养学生的阅读理解、背诵以及写作等方面的能力。

2．思维导图法的应用

思维导图法在英语语法教学中的具体运用可将语法知识按照新的方式呈现在学生面前，有利于学生从多个情景来深化对语法知识的理解，从而提高语法思辨能力。

（1）按照具体内容和分类进行整合、归纳。在进行从句的语法学习时，学生并没有形成完整的概念。面对此阶段纷繁复杂的语法学习，可以绘制如图3-7和图3-8所示的树形图和组织结构图。

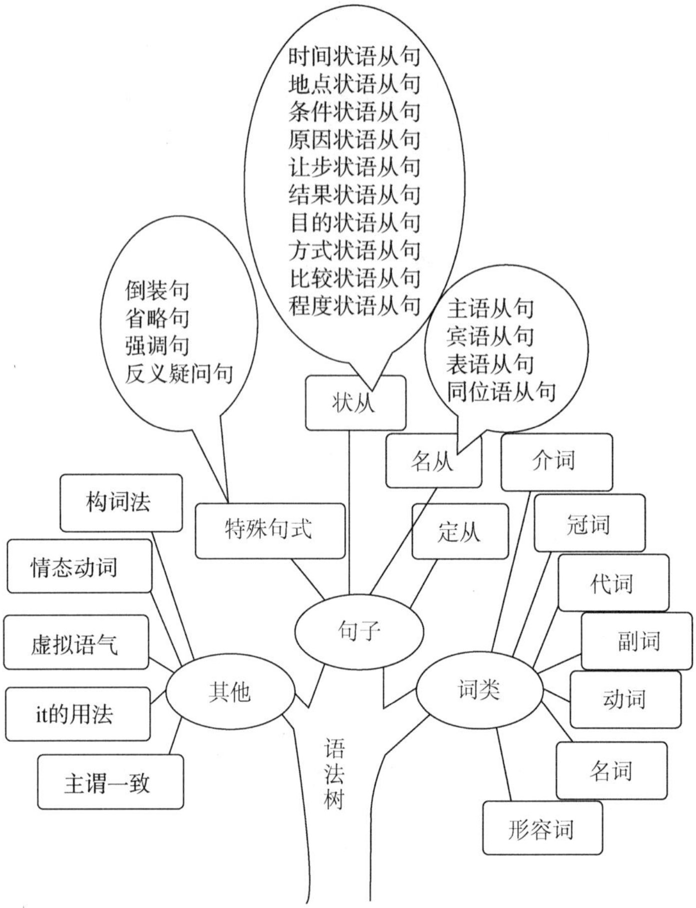

图3-7 树形图

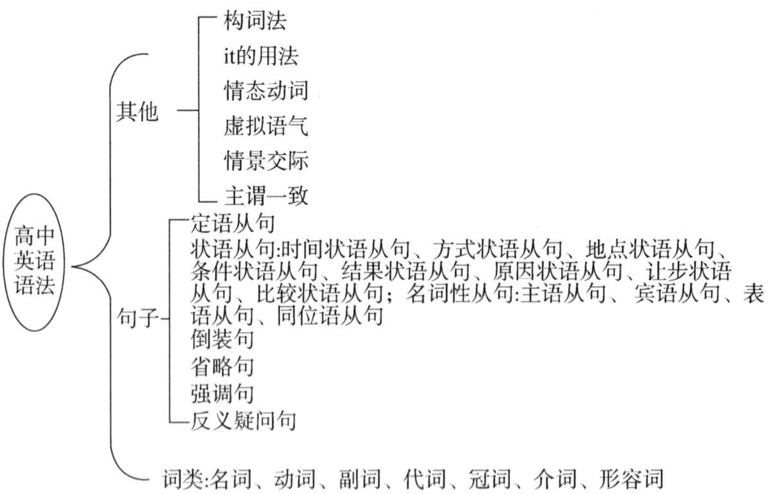

图3-8 组织结构图

（2）进一步深化对语法知识的理解

语言作为语言学习的基础，语法学习中还存在着诸多的细节，在前述进行整体分析的基础上，还应着眼于一些语法细节的分析。此时也可以借助于思维导图来使抽象的语法细节更为直观、具体。例如，在对as和which所引导定语从句的相同点与不同点进行区分时，可绘制如图3-9所示。

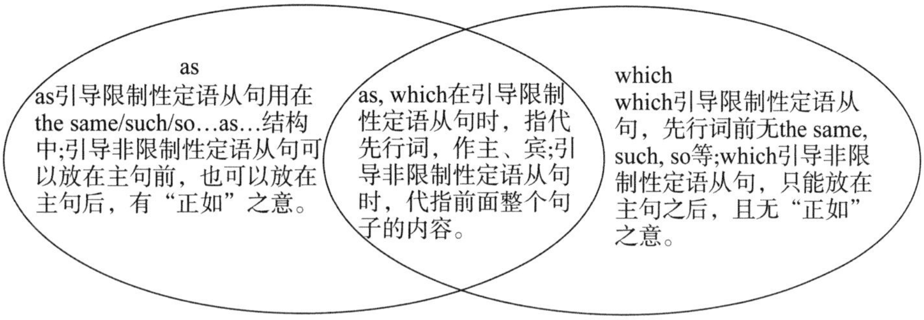

图3-9　as和which所引导定语从句的相同点与不同点的思维导图

又如，在对知识点进行罗列时，可借助于如图3-10所示的鱼骨图以及图3-11所示的头脑风暴图。

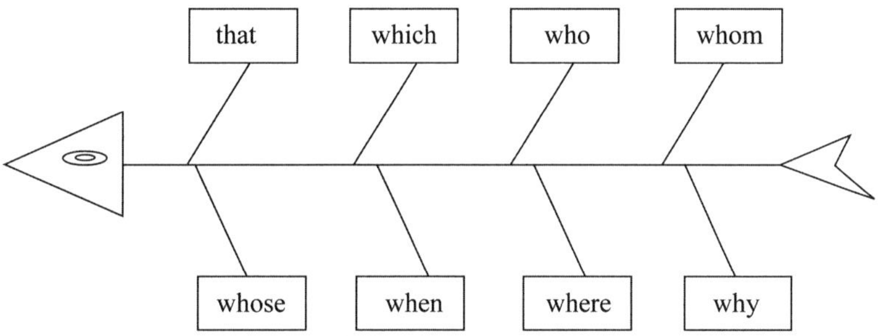

图3-10　鱼骨图

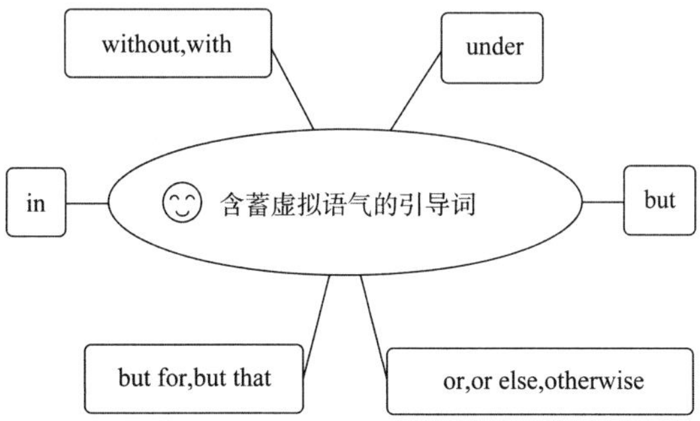

图3-11　头脑风暴图

再如，在对一些语法细节规律进行总结时，可以借助于逻辑图进行汇总。具体如图3-12所示。

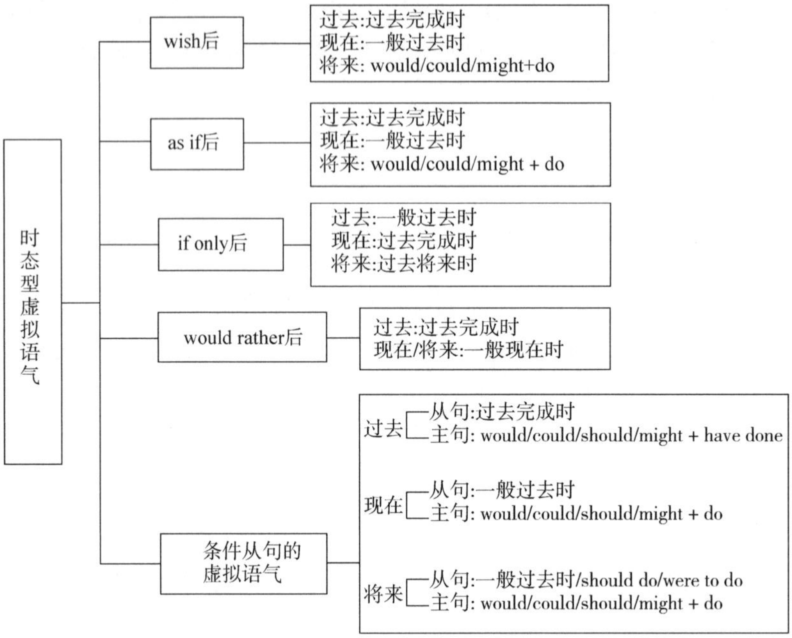

图3-12 逻辑图

最后，当反义疑问句、陈述句中存在must一词时，针对反义疑问句的规律，教师可借助于图3-13的蝴蝶图和图3-14的网状图来帮助学生理清头绪。

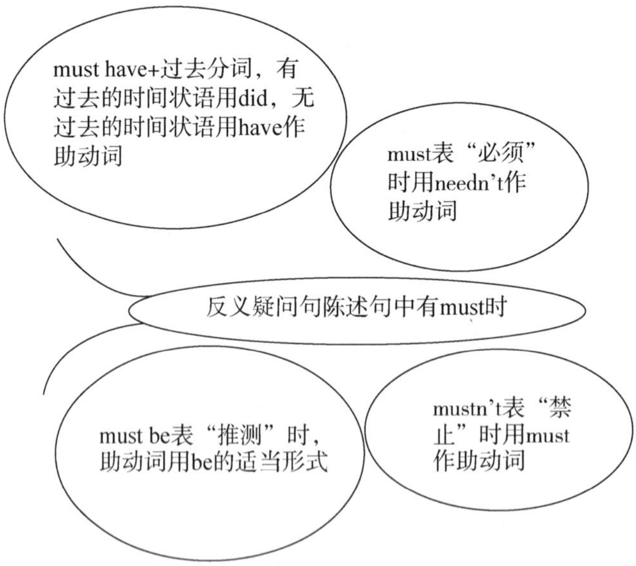

图3-13 蝴蝶图

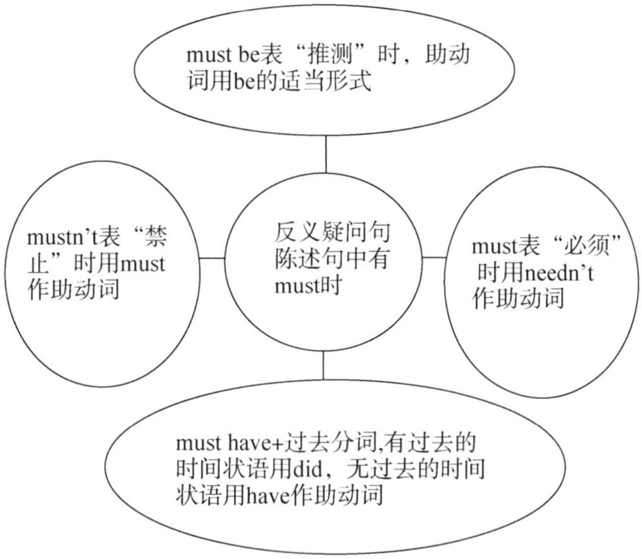

图3-14　网状图

这些方法都能够很好地让学生从堆积的文字中解脱出来，理清头绪，使语法学习省时、高效。

（五）简图呈现法

由于语法本身具有抽象性的特点，有些语法项目难以用语言清晰表达，或表达出来后学生还是感觉很费解，因此可以使用简图、表演、图片等方法使其形象化。例如，在对时间状语从句这一语法现象进行讲解时，可以按图3-15（a）（b）（c）三组图所示的思路来解释。

按照图3-15中所示的思路，教师在对时间状语从句的连词选择和理解时，首先要考虑到学生对主句和从句中两个动作的时间关系判断，教师若仅仅用语言阐释while、when、as的区别，由于里面涉及“某一刻时间”“某一段时间”“短暂性动词”“延续性动词”等术语，学生会因语言理解能力和想象力等个体差异的不同感觉很抽象，甚至会给一些基础薄弱的同学带来理解上的障碍。而如果教师设计出如图所示两个动作对比的画面，在讲解时辅助以简图呈现，学生便对while、when、as三者区别得更清晰、直观一些。

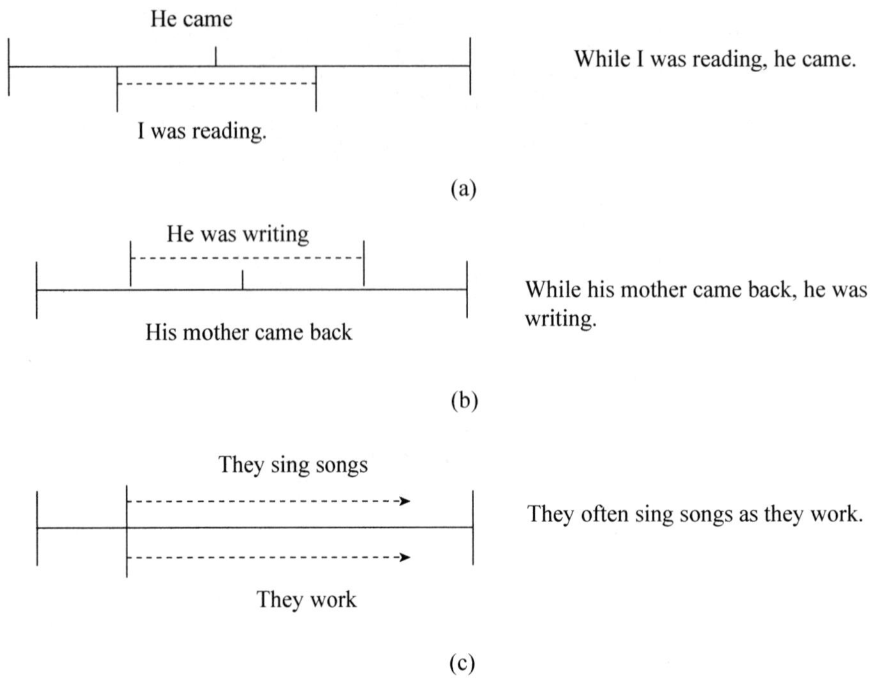

图3-15　时间状语从句思路简图

第四章 大学英语教学思辨能力培养模式构建

多年实践证明，文化因素在国际交往过程中的地位比语言系统本身更重要。因此，跨文化交际意识和能力的培养成了不同文化背景的人们进行有效交际的必备条件之一。这就对大学英语教学提出了相应的要求，也就是高校应该重视文化的教学。可喜的是，近十年来，我国已经开始注重跨文化交际能力在避免交际冲突方面的重要作用。但是，国内的英语文化教学对于认知思维层面缺乏关注。

第一节 大学英语文化教学简述

文化教学已经成为大学英语教学中的重要组成部分，它对学生英语应用能力的形成具有很大的作用。

一、文化与文化教学简述

在介绍大学英语教学之前，有必要将文化和文化教学的基本内涵阐释清楚。

（一）文化简述

文化是什么以及文化有何特征这两个问题是有关文化最根本的问题。要想深入而透彻地理解文化，务必回答好这两个问题。

1．具有代表性的文化的定义

（1）西方学者提出的定义

在西方，“文化”一词最初来源是拉丁文cultura，是动词colere的分词形式，其意义是“耕种、居住、保护和崇拜”。在英语中，“文化”曾经被用来指“犁”，不过它指的是犁的过程，而并非一个工具。而且这一个过程最开始是指耕地，后来引申为培养人的技能、品质。后来，这个词汇通过进一步转义，由活动转喻为物体，从过程转喻为产品、资源、模式。到了18世纪，“文化”这一概念在西方思想史上获得了第一次重要转义，表示“整个社会里知识发展的普遍状态”“心灵的普遍状态和习惯”和“各种艺术的普遍状态”。

学术界普遍认为，英国人类学家爱德华·泰勒（Edward Burnett Tylor）是影响文化定义的第一个重要人物。他的定义可以算作是文化定义的起源，是一种经典性的定义。19世纪70年代，他出版了《原始文化》一书。他在该书中指出，从广泛的民族学意义来讲，文化是一个复合整体，包括了知识、信仰、艺术、道德、法律、习俗以及作为一个社会成员的人所习得的其他一切能力和习惯。这一定义不仅描述了文化的重要内容，而且将文化视为一个多层面的整体，对文化的深入和全面研究具有十分重要的影响。

美国社会学家伊恩·罗伯逊（Ian Robertson）强调，从社会学家的角度出发，文化包括大家享有的物质和非物质的全部人类社会产品。其中，物质文化包括一切由人类创造出来的并赋予它意义的人工制品或物体，如衣服、轮子、工厂、学校、书籍、宇宙飞船等；非物质文化则由比较抽象的创造物组成，如家庭模式、思想、语言、风俗、信仰、技能、政治态度等。

萨姆瓦（Larry A. Samovar）等人一直从事交际研究，他们认为文化是在若干个世纪个人与集团的努力之下，传承下来的知识、经验、价值观、世界观、信念、态度、意义、宗教、角色分工、空间的运用、物质财富等的总体。文化不仅隐藏在处于特定社会的人们的日常行为中，还隐藏在作为交际形态的行为方式中，还隐藏在所使用的语言当中。这个定义中的“时间观念”“空间的运用”以及“行为方式”等都是交际中的重要内容。

莫兰（Moran）针对“文化”这一概念，提出了文化产品、文化实践、文化观念、文化个体、文化社群五个要素。其中，文化产品是文化的物理层面，是由文化社群以及文化个体创造或采纳的文化实体；文化实践指文化社群中文化个体之间的交际行为，包括语言交际和非语言交际以及与社群和产品使用有关的所有行为；文化观念反映人们的认识、信念、价值和态度，左右人们的文化交际行为和文化产品的创造；文化个体的所有文化实践行为都是在一定的文化社群中发生的；文化社群包括社会环境和群体，从广义的民族文化、语言、宗教到具体的社会团体、家庭等。基于这五个文化要素，莫兰认为文化是人类群体不断演变的生活方式，包含一套共有的生活实践体系，这一体系基于一套共有的世界观念，关乎于一系列共有的文化产品，并置于特定的社会情境之中。

（2）中国学者提出的定义

在古汉语中，“文化”的最初含义和现在的含义有着很大的差别，其最早出现在汉代的《说苑·指武》中。该文中说道：“文化不改，然后加诛。”这里的“文化”与“武功”相对，有文治教化的意义，表达的是一种治理社会的方法和主张。

金惠康指出，文化是生产方式、生活方式、价值观念以及社会准则等构成的复合体。

张岱年和程宜山这样来定义“文化”：文化是人类在处理人与世界关系中所采取

的精神活动、实践活动的方式及其所创造出来的物质和精神成果的总和，是活动方式与活动成果的辩证统一。

我国《辞海》指出，广义的文化是指人类社会历史实践过程中所创造的物质财富以及精神财富的总和；狭义的文化是指社会的意识形态以及与之相适应的制度以及组织机构。

对以上中外学者的众多定义进行分析，可以将它们分为以下两大类。

广义的文化是人类创造活动的一切，即物质生产活动和精神生产活动所创造的一切成果。从这个角度上说，文化实质上是人类改造自然和社会而逐步实现自身价值观念的过程，代表的是人类独有的不同于动物的生活方式。

狭义的文化是指精神创造活动及其结果。美国《哥伦比亚百科全书》指出，文化是在社会中习得的一整套价值观、信念和行为规则，它们规定了一定社团中可接受的行为范围。

2．对文化特征的总结

（1）整合性

文化是群体行为规则的集合，可能出现在某一群体的所有成员的行为之中。所以，诸如中国文化、东方文化或西方文化等整齐划一的提法才会出现，某一主流文化中又存在亚文化或群体文化、地域文化等。社会组织、社会关系、社会地位等都属于文化范畴，世界观、价值观等文化的核心成分，规定着人们交际行为的内容和方式。由此可见，文化是一个由多种要素构成的复杂整体，在这个整体中，各要素互相补充、互相融合，共同塑造着民族性格。整个民族文化具有一个或几个“文化内核”，它发挥着整合文化的潜在作用。文化的整合性可以保证文化在环境的变迁中，维持在一定限度的稳定性。例如，在中国的传统文化中，融自然哲学、政治哲学和伦理哲学为一体的“天人合一”世界观，以及“经国济世”等精神元素，作为中国文化的“内核”，一直发挥着“整合”作用。由于不同文化有着不同的“内核”，必然导致在价值观念、认知模式、生活形态上的差异，如果交际双方不能理解对方的文化，就会导致交际冲突。

（2）可变性

文化的稳定性是相对的，而可变性却是绝对的。另外，物质形态的文化，其变化的速度和质量远远超过精神形态的文化。例如，发生在衣、食、住、行等方面的变化要比信仰、价值观等方面的变化更加明显。随着改革开放的不断推进，人们的衣、食、住、行等“硬件”都发生了巨大的变化，但是“软件”方面的变化并不明显。文化定势决定了中国人对西方文化的接受度是非常有限的，“同国际接轨”的多数属于文化结构的表层，而深层文化的差异永远存在。

文化的可变性具有内在和外在两种原因，外在原因通过内在原因起作用。

第一，文化可变性的内在原因。文化是为了满足人类生存需要而采取的手段，那么当生存条件发生变化，文化必然要发生变化。在人类文化史中，因为科技的发展导致了人们思想和行为的变化，所以重大的发明和发现都推动着文化的变迁。

第二，文化可变性的外在原因。文化传播或者文化碰撞可能使得文化内部要素发生“量”的变化，“量”的变化也可能促使“质”的变化。社会的发展以及国家、民族之间在经济和政治方面的频繁沟通、交流，都使文化不断碰撞乃至发生变化。例如，佛教的传入导致了中国传统文化的变化，儒家思想等也导致了东南亚文化的变化。

（3）民族性

文化植根于人类社会，而人类社会以聚居集中的民族为区分单位，因此文化也是植根于民族的机体。文化的疆界一般和民族的疆界一致，民族不仅具有体貌特征，还具有文化特征。例如，同为上古文明，古希腊、古印度、古埃及和古代中国的文化各有独特性；同为当代发达经济体，日本和美国、欧洲就存在着文化差异。当一个社会容纳着众多民族时，不可能保持文化的完全一致，其中必定包括一些互有差异的亚文化，使得大传统下各具特色的小传统得以形成。于是在民族文化的大范围内，多种区域性文化常常同时并存。

因此，文化具有选择性。每一种特定文化只会选择对自己文化有意义的规则，所以人们所遵循的行为规则是有限的。文化的这一特点导致了群体或民族中心主义，因此它对跨文化交际来说十分重要。群体或民族中心主义是人类在交际过程中的普遍现象，人们会无意识地以自己的文化作为解释和评价别人行为的标准。显然，群体或民族中心主义会导致交际失误，达到一定程度时会带来文化冲突。

（4）符号性

文化不是从一开始就存在的，而是通过符号加以传授的知识。任何文化都是一种符号的象征，也是人们的思维和行为方式的象征。人类最明显的特征就是符号化的思维和行为，文化的创造过程也就是运用符号的过程，所以说人是一种“符号的动物”。在创造文化的过程中，人类将认识世界和理解事物的结果转化为外显有形的行为方式，因而这些行为方式就构成了文化符号，从而成为人们的生活法则。人们就生活在这些法则的规范之中，生活在充满文化符号的世界之中。人们一方面受到文化的制约，另一方面又在这种文化中展现人生的意义和价值。例如，在中国封建社会，服装的颜色是有等级规定的。服装颜色成了特定身份的象征符号：帝王服饰为明黄色，高级官员和贵族服饰为朱红或紫色，中下层官员服饰为青绿色，衙门差役服饰为黑色，囚犯服饰为赭色。随着社会的发展，服装颜色的等级象征已不复存在，只是人们又给色彩和款式赋予了一定的审美意义。

正是这种文化的符号性使得文化和交际具有同一性。文化是“符号和意义的模式系统”，交际是文化的编码、解码过程，语言是编码、解码的工具。只有当交际双方对同一符号的解释完全一致或者非常相近时，交际才有可能顺利进行而不产生误解、冲突。也就是说，交际过程中的差异是潜在的危险，只有在双方共享一套社会规范或行为准则时，交际才能得以有效进行。

（二）文化教学简述

文化意识在文化教学的目标和内容中都具有详细的描述。文化意识是文化教学中非常重要的组成要素。

文化意识可以分为以下四个层次。第一个层次是学生认识明显的文化特征，但认为它奇特不可理解。第二个层次是学生通过文化冲突，了解到与自己文化明显不同的某些有意义、微妙的文化特征，但是仍然不理解。第三个层次是学生通过理性的分析，了解那些微妙、有意义的文化特征，并从认知的角度认为可以理解。第四个层次是学生通过深入体验所学语言的文化，学会设身处地地从目标语文化的视角看问题，达到视其所视、感其所感的理解。

根据文化意识所划分的四个层次，文化教学应该包括以下两个层面。

1．文化知识

文化知识是指学生需要了解的有关语言文化的知识，包括衣食住行、风俗习惯、生活方式、行为规范等知识。具体来说，就是教材或其他学习资源中出现的地理、历史、人物、风俗、文学、艺术等知识。文化涉及广泛的内容，所以文化知识也多种多样，而文化知识其实就是对某种文化现象的了解。

2．文化理解

20世纪90年代，在文化知识传授的基础上，外语教学获得了另一种挑战，即文化理解。文化理解是指学生对中外文化及其差异的理解过程或理解能力，它主要包括以下两个方面的问题。

（1）理解具体、个别的文化知识或文化现象的渊源、背景、文化含义等及其所反映的道德观、价值观、人生观等。

（2）将文化视为一种客观存在。对文化评头论足是没有必要的行为，因为文化没有好坏和优劣之分，不能说某种文化好，也不能说某种文化不好。我们要客观、宽容地对待异国文化，拒绝任何异国文化是一种狭隘民族主义态度，尽量不用自己的文化、道德、价值观作为标准去衡量、评判异国文化；并且要避免盲目地追随异国文化，在学习异国文化的先进部分时，还要坚持自己的优秀文化传统。

然而，每一种文化都包含精华的部分与糟粕的部分。需要强调的是，文化知识的传授需要选择性地进行。对两种文化的异同进行比较，可以使自己恰当、得体地进行跨文化交际。

二、大学英语文化教学存在的缘由

在大学英语教学中，文化教学为什么兴起，又为什么成为英语教学中的重头戏，有着以下几点原因。

（一）文化教学适应英语教学改革的要求

我国的英语教学长期以来都囿于一种框架，就是它往往只注重语言知识和语法形式的传授，而对文化和英语交际等方面的内容有所漠视。可以发现，我国英语教学的新英语课程标准已经将培养文化意识列入英语教学目标。新课程教学改革已经广泛地展开，英语教学的目标、理念、方法和评价都已发生了翻天覆地的变化。有着不同语言和文化背景的人，在思维方式、价值观念和人格上表现出不同的特点。文化因素始终隐含在外语学习的过程中，即使再优秀的语言学生，也可能因文化因素而影响其交际能力，并在理解周围世界的过程中遇到困难。因此，人们开始意识到，学习外语不仅是掌握语言的过程，也是认识另一种文化的过程。

学习外语以及与之相关的外国文化促使我们从不同的角度来观察和认识自我世界。因此，外语学习不仅拓展了思维方式，而且影响着学生的价值观念和人格结构。因此，外语教师要有意识地向学生传授所学语言国家的文化知识，并增强学生对两种文化差异的敏感性，使他们逐步具备文化比较能力，以便提高文化素质并得体地进行语言交际。

另外，教学内容由原来单一的词汇、语法教学转为语言教学和文化教学并重后，教学内容和形式也由单一变得多样，由枯燥变得富有趣味，这就激发了教师和学生双方的积极性和主动性。因此，在英语教学中进行文化教学，不仅有利于加强学生的英语语言基本功的训练，也有利于培养学生的学习积极性。

（二）人才培养呼吁文化教学

中国正处在经济体制转型期，由于想要急切地发展经济，造成了外语教育严重忽视了人文等方面内容的现象。进入21世纪，社会环境和时代特征有了新的内容。培养学生的综合素质，是21世纪外语教学的大势所趋。因为只有学生具备较强的理解力和竞争力，才能在经济建设中承担起桥梁的作用，积极有效地推进国际交流与合作。而英语文化教学在加强学生的理解力方面，是其他教学无可比拟的。从某个角度来说，学习一种新的语言等于掌握一种新的交际技能、了解一种新的民族文化。学生通过对中西方文化的对比和分析，能够较客观、全面地认识英语文化的要素，同时以新的洞察力审视和认识本国文化，进而在国际交往中做到知己知彼。加深了对国外文化的学习，就是加深了对自己文化应有的认识。这样学生将来不仅能适应国外的文化环境，更能让我们的优秀文化走向世界，为世界文化的繁荣作出贡献。

（三）文化教学是语言教学的必需要素

传统的英语教学包括知识和技能两个要素。同时，我国英语教学也将这两个要素作为其中心任务。但是，即使是完成了以上两个方面的教学，也只是完成了语言教学的部分内容，而不是全部内容。实质上，这是因为语言与文化是密不可分的统一整体。文化教学是英语教学的必需要素。

任何语言不仅反映着某种文化，是文化的一部分，而且也是文化的传播工具，承载着文化。就拿英语来说，学生如果仅仅了解英语的语音、语法、词汇、修辞，却不了解英语语言所承载的文化，就很难完全理解并正确使用英语。因为文化决定思维，文化决定语言的表达方式。

（四）文化教学促进跨文化交际的成功开展

近年来，我国与世界其他国家越走越近，英语作为国际通用语言的作用也日渐突出，社会也变得迫切需要英语人才。在这种情况下，教师在英语教学中不仅要向学生传授语音、词汇、语法等语言基础知识，培养学生的听、说、读、写、译能力，还要向学生传授英语的背景文化知识，包括历史、地理、风俗习惯等，特别是要引导学生了解中英文化的差异，最终培养学生的跨文化交际能力。

外语教学的根本目的是使得学生能够与不同文化背景的人进行交流，从而加强中国与其他国家的对话与合作。在全球经济一体化的今天，文化领域的相互交融已经变得越来越重要和突出。因此，提高学生的外语交际能力，既是中国国民经济发展的迫切需求，也是中国教育改革的一项紧迫任务。所以，我们需要认识到，外语教学是跨文化教学的一环，应该把语言、文化、社会视为一个密不可分的整体，并在教学大纲、教材、课堂教学、语言测试、课外活动中加以全面的体现。

三、大学英语文化教学目前的情形描述

近年来，随着我国与世界各国之间的联系越来越密切，跨文化交流变得越来越重要，英语教学领域也越来越重视文化教学。

然而，我国大学英语文化教学仍然存在种种不容乐观的现象，主要表现在主观、客观和制度三个方面。

（一）主观情形

1. 教师对文化教学不够重视

不得不说，教师是英语文化教学能否落实到位的关键因素。现代英语教学以培养跨文化交际能力为目的，因此教师不仅要有深厚的语言功底，还要熟练地掌握中西方的文化特色。但是，我国传统的英语教学显然对这一点看得不是很清楚或者根本没有意识。我国的大多数英语教师都是毕业于英语专业，而我国目前的高等英语教育在文化教学这一模块做得还不是很好，这样的教育培养出来的教师在文化基本功上有所欠缺，文化教学意识也比较淡薄。其中的深刻和详细原因主要包括以下两个方面。

（1）英语是第二语言，我国的大多数英语教师缺少英语学习的大环境，已经掌握的跨文化知识零散琐碎。另外，由于教师教学任务繁重，缺乏进行教学研究的充足时间和精力，教师本身所了解的文化知识就很局限，拥有的文化意识也不足，没

有意识到英语文化知识对英语学习的重要性，自然也不会在英语教学中重视英语文化教学。

（2）我国传统的英语教育是单纯的“骨架知识”教育，大多数教师只重视语言形式的正确性，教学很少涉及如何得体地运用语言形式，对英语文化知识的介绍更是一件稀罕之事。有的教师虽然也介绍一些英语文化知识，但只是蜻蜓点水式的教学，缺乏系统性和条理性。教师的错误观念主要包括以下几种：有些老师担心文化教学会加重学生的负担，因此不愿把紧张而宝贵的时间花在文化教学上，放弃了文化教学；有些教师认为只要学生记住单词、句型、语法等语言知识就够了，没必要教授英语文化知识；有些教师认为学生学习英语就是学习英语语言系统成分的正确用法，学生在此基础上自然会掌握实际应用语言的能力，因而忽视了语言的得体性和社会环境等重要因素在交际中所起的作用，忽视了英语文化教学。

2．学生对文化学习持消极态度

长期的传统教学模式导致很多学生主体性的丧失，过分依赖英语教师，习惯于教师的灌输式教学，缺乏英语学习的自主性、自觉性，极少主动翻阅相关文化知识书籍。英语教学的长期状态是：教师教什么，学生就学什么；教师不教的，学生就不学。以教师为主导、学生为主体的教学模式仍然是一种美好的理想。

因此，可以很明显地发现，学生不善于、不积极或不方便获取相关文化的知识，是造成我国英语文化教学效果不佳的幕后推手。因此，要改变英语文化教学的不良状态，要使英语文化教学变得更加高效，可以从改善我们的英语课堂气氛入手。所以，教师在英语教学中要注意创设文化交流的情境。有关调查结果显示，大多数学生认为观看原版电影以及同外国人直接进行交流是学习西方文化最好的办法。但大多数中国学生不具备同外国人直接进行交流的条件，因而电影欣赏便成为学生接触西方文化的主要渠道。

（二）客观情形

1．文化教学环境的先天不足

目前有些英语教师意识到了文化教学的必要性，只是没有落实到位，他们普遍的做法是在英语教学中加入了一些文化背景介绍，并将其作为文化教学。但是实际上，文化教学内容涉及面广，内容纷繁复杂，正是因为无法把文化的方方面面都包含在英语教学中，因此教师教授学生如何在特定的文化情境中使用英语进行得体的交流，是一种易于操作的文化教学方法。但是，这种方法灌输性强，而启发性比较弱。由于真实的跨文化情境要比创设的虚拟的文化情境复杂得多，因此即使通过这种方法使学生获得了有关的文化知识，他们在面对具体的交际活动时，那些已经掌握的概括化、刻板化的文化特征以及行为规范等也往往不能保证文化交际活动的成功。

2．教材局限性较大

教材是英语教学的依据，英语文化教学在一定程度上被忽视，一般会体现在英语教材上。目前，在我国所使用的教材中，其内容的主要来源是说明性、科技性较强的文章，大多为“骨架”知识，忽视了语言形式的文化意义。教材中涉及英语文化，特别是关于英语国家伦理价值、思维方式、民族心理等精神层面文化的材料较少。可见，我国的英语教材内容的局限性也不适应我国的英语文化教学亟待提高的要求，这使学生在学习英语时对非语言形式中的一些西方文化因素，如生活习俗、社会准则、价值观念、思维特征等了解不够。而教材的文化内容有限，主要是由于我国目前的教学实践功利色彩浓重，片面追求学生书面语言能力（尤其是书面应试能力）的提高，忽略了文化因素在语言教学中的重要性。例如，在外语教学与研究出版社出版的《新视野大学英语》各单元的主题中，直接与文化有关的仅有五个单元，它们是：第二册的Unit 1和Unit 4，以及第三册的Unit 3、Unit 4和Unit 7，而这套大学英语教材从第一册到第四册共有40个单元，有关文化的材料仅占12.5%。因此，教材的限制，使学生很少触及英语文化中的行为原则和准则，造成跨文化交际能力培养的收效甚微。

（三）制度情形

1. 应试教育的阻碍

我国的大学英语四、六级考试是衡量英语教学的重要标准。不可否认，大学英语四、六级考试对促进大学英语教学有十分重要的作用，因而它的存在必定有一些合理性。但是，也必须承认，四、六级考试缺乏对英语文化知识的考核。实际上，不仅仅是四、六级考试忽视对英语文化知识的考核，大学英语的其他考试也如此，只注重英语语言知识的考核，忽略英语文化知识的考核。目前，我国的英语教学普遍存在应试教学的问题，素质教育被应试教育所代替，文化教学被忽视。

2. 教学评估的缺陷

我国目前的大学英语教学的评估方法，忽视了对学生的文化知识的评估，也忽视了对学生跨文化交际能力的评估。长期以来，很多学校的考试都是只考学生的英语语言知识，而忽视了文化知识的考核，包括在我国有重要影响的大学英语四、六级考试也不例外。而大学英语考试，尤其是英语四、六级考试，就像一根无形的指挥棒，指挥着教师和学生的英语教学，导致大学英语教学框架结构脱离了跨文化交际能力的培养，导致培养出高分低能的学生，尤其是欠缺跨文化交际能力的学生。

四、思辨能力培养对大学英语文化教学的愿望

虽然英语教学的文化融合存在以上几种弊端，但是它仍然是英语教育不可放弃的一项内容，其地位的稳固性也是无法撼动的。文化教学中思辨能力的培养是很重要的，因为不同的文化相冲撞的时候，需要面临文化冲突的人作出思考、分析和选择。如果没有思辨能力，很可能要么完全否定，要么完全肯定。如果不是这么极端，那么就要作出判断，取舍的标准就是基于个人对于跨文化能力要达到的目标，哪些

为我所用，哪些彻底摒弃，哪些稍作修改。

（一）设立训练思辨能力的文化教学目标

思辨能力的培养不是一朝一夕就可完成的，而是要教师在文化教学中有目标、有计划地进行。

1. 设立长期目标

培养学生的批判性思维需要长期训练。外语教学不只是一个提高语言技能的过程，还是一个训练思维的过程，以便学生能够恰当的思考，更加合理、更加优化地解决生活中的难题。学生拥有思辨能力的目的也不是时时刻刻盯着对方的漏洞加以抨击，以显示自己的正确，而是以更加开放但是依然审慎的态度提出依据和论据来证实自己的观点，以期得出解决问题更好的方法。

2. 设立具体目标

培养学生的批判性思维需要有宏观的规划。作为教师，需要在自己的教学计划中根据不同的课程性质明确列出要培养学生的哪些具体能力。例如，通识教育选修课与大学英语的教学计划对于思辨能力的培养是会有差异的。教师要以思辨能力的提高作为组织教学的一条线索，安排不同的任务，提出更多有启发性的问题，布置需要思考之后才能完成的作业，养成学生的思辨习惯。

3. 设立区分性目标

培养学生的批判性思维要基于学生的思维背景。文化教学对于学生思辨能力的培养要区别对待。例如，对于文科和外语类的学生，思辨能力的培养更为重要，因为文科和外语类的课程多数以感性思维为主；而对以理性思维为主的理科类学生，应更多地向他们展示英语语言的魅力和英语世界的多彩缤纷以及英语人文情感世界里的真善美。这样更能弥补学生的不足，更能体现英语作为人文工具的作用。

（二）建设训练思辨能力的文化教学环境

任何一个项目的学习都需要良好的环境条件，环境就像是滋养大树的沃土。

1. 鼓励思考和质疑

美国学者彼得•法乔恩（Peter Facione）以一言以蔽之："教育，不折不扣，就是学会思考。"思辨能力的核心就是要思考，思考的内容就是解答疑惑，而疑惑是基于问题。如果问题是来自课堂，教师就要设计能够启发学生思考的任务，需要精心准备问题，提前预测学生的回答并基于此提出质疑的问题，来促进学生反思自己的回答。

这个过程虽然以教师为主导，但是教师要听的不是语言的质量，而是学生回答的质量、学生思考的深度。只有设计出好的问题并且针对学生的回答进一步提出更具有挑战性的问题，才是激发学生高质量的思考的关键。在这个过程中，要求学生展示出推理、罗列、分析和综合的能力，鼓励学生使用科学并且有逻辑性的思考方式。例如，给出一个观点之后，需要对此加以论证，给出相应的论据，如果可能的话，再加上一两个例子，做到摆事实讲道理同步进行。

2．鼓励倾听和表达

在上面这种训练完成的基础上，再扩大学生的思考面，要求学生给出两个或者两个以上的观点，以给理由和举例子的方式，更加深入地阐述自己的观点，训练学生深入思考的能力以及清晰地表达观点的能力。在此基础上，可以进一步训练学生，也可以同时加入辩证的思维。例如，当某组学生清晰地表达自己观点的时候，安排另一组同学认真倾听，倾听的学生先给出评论，表达观点的学生再进行反驳并根据自己的观点及论据，最后得出结论。表达观点就是梳理思维的过程，在输出的过程中，理清思路，强化思维训练。

（三）提高英语教师的思辨能力

教师是文化教学中的指导者，教师自身的素质直接影响着学生。所以，教师自身的思辨能力对学生思辨能力的形成具有直接的影响。

1．突破局限性

突破教师自身思维的局限性是培养学生思辨能力的第一步。

如果教师本身缺少思维训练，即使有很深的语言功底，也局限于语言能力，逻辑思维能力可能不够强，知识面也相对窄一些。所以即便成为教师，哪怕教学很多年，这种思维的局限性依然需要努力去克服。教师个人要认识到提高思辨能力的重要意义，而高校更要积极提供条件，如提供各级各类专家讲座、国内外访问考察和学习的各种机会，建立相应的科研、教研以及学习共同体等方式来帮助教师个人突破思维局限性，提升思辨能力。

2．切入新角度

学生思辨能力的提高程度有赖于教师思辨能力的高低，如果教师讲的都是一些围绕语言技能的浅层次的东西，学生就无从提高思维能力。如果教师讲的内容有挑战性，如国际热点、社会热点问题，哪怕是用明星的热点来激发学生的兴趣来讨论，并且设计合适的问题来促进学生的思辨，那么学生的能力就会提高，视野就会开阔。

3．适应新角色

教师要适应新的角色。因为教师的角色发生了变化，教师不再是唯一传播知识的权威，教学任务不是仅仅教词汇，而是任务设计者。找出学生能够驾驭的问题，用语言去挖掘真实的信息，对比自己的社会认知和别人的社会认知，从练习答问题，到用真实的问题去发现真实的信息。让学生能够在教师设计的合适的任务中，对样本进行归纳总结。

4．掌握新方法

批判性思维需要有效的训练方法。如果教师达不到思维的高度，学生就几乎无从学起，即使教师有了思维的高度，如果缺乏有效的训练方法，学生也还是不能形成良好的思维习惯。一般来说，设计恰当的任务能使学生使用英语去完成现实情景中的交际任务，这是比较好的方法。

5．树立新高度

好的英语教师不仅仅要训练学生基本的语言表达方式和技能，让学生知道how to say，更要教会学生用英语这一工具，去探索世界、思考世界，做到言之有物、言之有理，自然就知道what to say了。每位热爱思考的英语教师都要学习如何提升自己的思辨能力，用合理有效的方法训练学生的思辨能力，带领他们踏入思想的殿堂，体会思维之美，并将这种美传递给学生，让思维之花绽放在大学的英语类课堂中，打破人们对英语类课程只有语言而无思维的偏见。

第二节　大学英语文化教学中思辨能力的培养

思辨能力，作为一种可迁移能力，是学生“受教育的必要条件，而非自由选项”。思辨能力虽然不包括形象思维能力，但却是人的思维能力的重要部分，是人的思维品质和倾向特征，是创新素质和创新能力形成和发展的重要体现。将思辨能力培养作为高等教育的目标，将给予学生终身受用的宝贵财富。

一、有关英语文化教学中思辨能力的研究

自20世纪80年代以来，国外学者对思辨能力的内涵与分项技能展开了深入研究，其中颇具影响力的是特尔斐项目组的双维结构模型。根据其定义，思辨能力不仅包括理解、分析、推理、评价、解释和自我修正等“认知能力”，还包括追求真理和公正、思想开放和自信等“情感特质”。国外对于思辨能力的研究涉及的专业非常广泛，研究的主要内容包括教师理念、教学方法和教学效果及研究方法等。在国际人才竞争日益激烈的背景下，西方已将学生的思辨能力发展视为高等教育的核心目标之一。

与国外相比，国内的研究有明显的差距，其差距不仅仅在理念上，主要还在行动上。早在1988年，黄源深教授就指出外语专业师生的“思辨缺席症”，之后许多学者都阐释了思辨能力的培养对英语专业发展的重要性。2008年，国内著名学者文秋芳带领其研究团队开展了国家社科项目“中国外语类大学生思维能力现状研究”，不仅提出了思辨能力的层级理论模型，还构建了测量大学生思辨能力的量具，并且利用该量具对我国英语专业和其他文科类大学生的思辨能力进行了对比研究，研究结果表明英语专业课程不利于学生思辨能力的培养。之后，李莉文就英语专业技能课程与批判性思维能力培养的关系进行了分析研究。孙有中则明确表示，突出思辨能力培养是深化英语教学改革的必要之举，并概述了英语教学改革的基本思路。目前，部分国内学者结合自己亲身的英语教学经验对学生思辨能力培养的途径和方法进行了一些探索，但还没有研究人员对英语专业内容依托教学中学生思辨能力培养

进行系统研究。

二、如何在英语文化教学中培养思辨能力

前文论述了英语教学中思辨能力的研究，接下来就要探讨在英语文化教学中培养思辨能力的具体做法。

（一）以问题为驱动启发思考

1．对比思考

思辨能力在很大程度上，是多角度、批判性地思考问题，是思考的多元性和包容性。对比不同文化对同一事件的不同诠释，可以帮助学生跳出自身文化常规的思维模式，了解异域文化的思维视角，从而对文化现象有更加深入、更加多元的认识，加深学生对两种文化的理解深度。

对比分析的目的主要是通过对比让学生发现本国文化与目的语文化之间的异同，正确区分知识文化因素和交际文化因素。对比分析是跨文化研究的主要方法，也是第二语言教学的重要方法。此外，在这种方法的使用中，不能仅限于表层形式的对比，还应该有深层内涵的对比；不仅要进行语言的对比，还要有非语言的对比；不仅要做语言、非语言形式与意义的对比，还要做语言交际行为的形式和意义的对比等。例如，在学习节日文化时，启发学生通过中国传统节日的文化表象意义，思考和探寻中国传统节日的发展及其传递的文化内涵和核心价值等。同时，比较分析中西方相似的节日文化，如春节与圣诞节、中秋节与感恩节、七夕节与情人节等。通过对各自节日文化现象的比较分析，进一步了解中西方相似主题的节日在文化上的差异。

总之，对比分析不仅有助于学生克服在学习英语和文化过程中的心理障碍，而且非常有利于培养学生的文化意识。当然，在比较两种文化时，教师应引导学生正确认识和对待本族文化和外国文化的相互关系。一方面，对外国文化抱以客观、宽容的态度，避免拒绝任何外国文化的狭隘的民族主义态度；另一方面，要避免盲目追随外国文化，对外国文化不做任何分析，全盘接受。正确的态度应该是在坚持本国的优秀文化传统的基础上，广泛吸收外来先进文化。

2．换位思考

（1）人物换位

人物换位就是要求学生站在历史人物的角度去看待问题。例如，在学习“美国战后重建”时，要求学生将自己想象成林肯总统，分析美国战后形势，思考战后重建的内容、政策及原则。教师通过组织简短的小组讨论，为学生提供更多的独立思考和相互交流的机会。同时需要注意的是，在师生互动交流过程中，教师应该采取头脑风暴策略，鼓励学生充分发挥联想，富有创造性地思考问题，不去批判学生标新立异的观点，保护学生的自尊心、好奇心。

（2）时空换位

时空换位就是教师通过一定的指导和情境创设，让学生穿越时空隧道，想象自己回到某个历史现场，用心思考自己的处境和寻找解决问题的对策。例如，在学习“美洲文化”的主题时，首先学生将自己想象为乘坐“五月花号”来到美洲的移民，然后要和同伴商量在美洲大陆生存下来的计划。在活动中，学生们不仅可以利用学到的历史知识创设故事情节，还可以结合当时美洲的生存环境对移民的生存之道进行认真的思考，提出令人耳目一新的观点和主张。

3．设疑思考

关于质疑对于学习的重要性，我国早就意识到了。我国古代学者朱熹指出：“学贵有疑，小疑则小进，大疑则大进，不疑不进。”质疑乃创新的灵魂所在。在文化教学中引导学生“质疑”，鼓励学生就现存的知识和观点多提问题，有助于学生思辨能力的培养。例如，在学习有关美国内战的历史时，同学可以质疑奴隶制是否是美国内战爆发的根本原因。高校学生的思维水平已经相当成熟，教师要做的就是启发学生从问题入手进行探究，这样持续地质疑和思考，学生的思辨能力就会不断提高。

（二）开展课后的历史专题研究

在这个新知识以几何级数增长的时代，教师不能再依赖单一的教材来实施传统教学。因而在课后，学生可以根据个人兴趣以小组为单位进行历史专题式的开放学习。

为了有效开展历史专题研究，需要用英语来就历史专题进行小组讨论，最终确定历史专题研究的子课题，并制订历史专题研究计划。学生可以利用美国历史电子书和网络链接等相关课程资源进行专题学习，也可以利用图书馆开展开放性学习。在专题研究过程中，学生的自主性和积极性被充分调动起来，他们会主动搜集英文材料并进行深入的阅读。通过与教师和同学的课下互动讨论，多数学生都会在充分理解材料的主要观点之后，通过归纳分析作出自己的评价。最后，专题研究小组在完成专题研究报告的撰写之后，以课堂发表的形式在研讨课上分享其研究成果，听取同学的质疑和评价。

在这种专题研究的“开放性学习”模式下，学生终于有机会真正发挥其认知主体的作用，成为自身知识建构的主角，而教师成为意义建构的促进者。更重要的是，学生必须通过对所搜集的英文资料的筛选、理解、分析、解释和评价，来完成专题研究任务，学生在无形之中锻炼了思辨能力。

第三节　大学英语教学思辨能力培养模式构建

要想真正培养出语言技能和思辨能力俱佳的英语人才，就要从英语教学的各个环节入手，根据大学英语教学实际，从管理层面、教师层面和学生层面构建英语思辨能力培养模式，以全方位、多维度地培养学生的思辨能力。

一、管理层面

学校应该在课程设置、教学内容、教学方法和评估手段等方面努力为思辨能力教学创造条件。下面就从图4-1所示的五个层面入手，从管理层面探索培养学生思辨能力的有效路径。

（一）以情感培养为先导

思辨情感的培养是思辨能力培养的重要内容。文秋芳（2009）曾指出："人的智力特征必须随着思维能力的发展而发展，否则高效的思维能力可能走向狭隘，变成利己主义，最终无所建树。"思辨能力的培养，要以情感培养为先导，诱导激疑，引发兴趣，力图激活学生的求异思维。可以从以下几个方面入手。

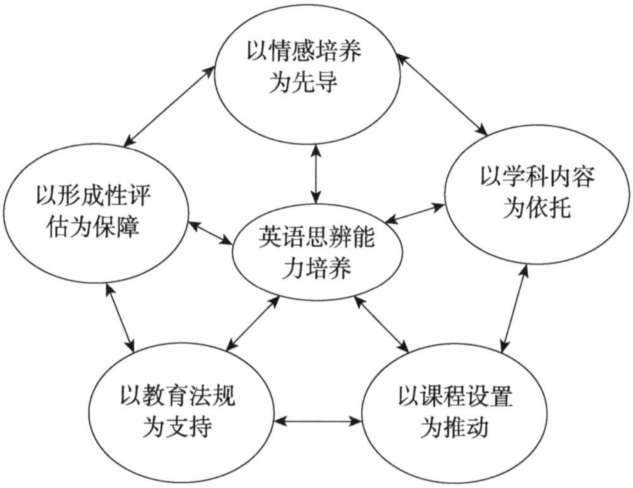

图4-1　管理层面英语思辨能力培养模式

1. 转变教师观念

教师应加强与学生的沟通交流，关注学生的需求和个性，更好地控制其注意力，全面掌握其思维状况，增进师生之间的感情，促进师生之间的平等交流，鼓励学生提出质疑，提出自己的见解，培养学生的评判性思维。

2. 优化教材

编写教材时，要注重内容的时代性、趣味性、体验性，让教材内容更贴近生活。这样可以激发学生的好奇心，增强学生学习的兴趣和学习欲望，激发其再创造的灵感。

3. 改进教学方式

教师应多采用启发式、研讨式、辩论式的授课方式。通过巧妙的构思，精彩的设疑，抓住学生心弦，使之进入振奋的求知欲状态。

4．改变评价标准

试题答案尽量少用标准答案，不一味追求语言的准确性、流畅性，要兼顾内容的丰富性和原创性，增加一定的开放度和包容度，接受学生合理的并且与标准答案不同的答案。

（二）以学科内容为依托

根据思辨能力层级理论，思辨能力是可以培训和训练的。思辨能力的教学形式有以下两种。

第一种是独立设课式，指的是独立设置思辨能力训练课程，学生通过修读这类专门课程系统接受思辨能力训练。这种教学形式在美国等西方发达国家应用较多。然而，设置专门的课程进行思辨能力培养虽然能够有效提高学生的思辨能力，但需要大量教学资源投入，与当前大学英语教学所面临的压缩非专业课课时和学分的现实有较大冲突，因而在实际教学中可能较难实行。

第二种是内容依托式（content-based instruction，CBI），是指以学科内容为依托学习外语的教学方法。学生以语言为媒介和工具获得学科知识，同时通过学科知识学习来提高语言技能和思辨能力。相对而言，这种教学形式更加符合当前我国大学英语教学实际，开展内容依托式思辨能力教学，将思辨能力培养与学科教学相结合，以学科知识为载体，通过思辨能力内容与学科知识的融合来提高学生独立分析、解决问题的能力。

内容依托式教学理论认为：学生把语言作为学习学科知识和获得信息的手段而不是学习目的时，语言学习会更成功；如果学生觉得自己获得的信息有趣、有用且有助于达到期望目标，第二语言或外语学习将更有效；教学只有针对学生的需要才能取得最好的学习效果。

在以学科内容为依托的语言教学中，教师可以引导学生在学习学科内容和语言的同时，通过设计各种有认知难度的教学活动促进学生评判性思维能力发展。教师通过提供各种真实的内容材料，使学生在学习中通过分析、讨论、辨析，将注意力不只停留在语言表面，而是要了解语言中所蕴含的思想。学生的分析能力、思辨能力也都在思想的表达和交锋中得到培养和提高。以学科内容为依托的语言教学注重有意义的学习，注重探索发现，而不只是注重语言形式学习，这种教学方式能促进学生的学科能力、学术语言和思辨能力的全面发展，值得在大学英语教学中推广。

（三）以课程设置为推动

在英语课程设置方面，为加强学生思辨能力的培养，应压缩技能课程在总课时中的比例，扩大相应专业知识课程比例，建立跨专业辅修/双学位机制，利用校级通识教育选修课平台。同时，还应积极进行以下几个方面的尝试。

首先，有针对性地增加有利于思辨能力训练的理论性课程，如社会语言学概论、西方文章选读、国际关系理论等。

其次，建设研究方法课程，向学生介绍定性和定量的基本研究方法，有能力的学生还可以选修高等数学和统计学方面的基础课程。

最后，开设思辨能力培养课程或系列讲座，向学生专题介绍思辨能力的有关概念和学习方法，提高学生的思辨能力。

（四）以教育法规为支持

建立多维的英语思辨能力培养模式，需要得到教育部门政策的支持。教育部门在制定政策时要充分认识当前因缺少思辨能力而引起的教育问题，可以有针对性地在政策中加入培养学生思辨能力的要求。例如，要求各级教育主管部门利用假期举办思辨能力提高班、研讨班；对大学英语教师思辨能力进行培养、提高、考核，并将此项能力的培养纳入教师职业发展规划中。这些措施以政策的形式体现，可以有效促进思辨能力的发展，是多维培养模式的有力支撑。

（五）以形成性评估为保障

在传统单一的评估模式下，学生处于被动接受评价的地位，因此参与积极性不高，自身学习的主动性、能动性以及高层次的思维活动也受到不小的限制。

形成性评估可以为思辨能力的培养提供保障，其注重过程评价和及时反馈，通过实时跟踪，教师可以全面掌握学生的思维状况，能够及时发现学生的困惑和薄弱环节，从而使学生能够在教师的引导下进行正确归因，教师适时地调整教学方法，进行合理假设、逻辑分析、公正评判，有效促进学生思辨能力发展。

此外，形成性评估以学生为中心，强调学生的主动参与，自评和互评两种形式相结合加强了师生间的交流和沟通，加强了相互之间的评价与监督。学生不仅能够获取多方面的信息和情感支持，还可以互相帮助，以弥补各自思维方面的不足。

二、教师层面

教师在学生英语思辨能力培养模式构建中起着非常重要的作用。这是因为思辨能力不是与生俱来的，需要后天大力培养，而学校教育便是其中的关键。教师要从教学的各个环节入手，在备课、授课、课后评估中将学生思辨能力的培养落到实处，努力将语言交际功能、信息功能和思维功能合并在一起，使思辨能力培养与语言技能训练有机结合，最终使学生的语言能力、思辨能力得到全方位发展。

（一）改革教学模式

改革教学模式，有针对性地训练学生的思辨能力可以从以下几点着手。

第一，将有意义的语言输入与创造性的语言输出有机结合。有意义的语言输入包括两部分：一部分是教师可理解性的语言输入，另一部分是符合学生的认知水平和语言水平的输入材料。在有意义的输入基础上，教师可以启发、引导学生对输入材料进行“批判性”分析、审视和评论，积极表达自身看法，实现创造性的语言输出。

第二，帮助学生构建知识框架，激活原有的知识储备。依据康明斯（Cummins）的语言内在相依模式，英语教师应帮助学生将新内容与已有的经验、知识结合起来，通过提供与学科内容相关的背景知识，帮助学生构建知识框架和网络。这样有利于学生形成连贯性的思维，在原有材料与现有材料的整合、分析中逐渐提高思辨能力。

第三，教师指导并提供给学生足够的机会使用认知、元认知、交际、情感等学习策略。在课堂上采用支架式引导，逐步培养学生独立思考能力。

第四，真正实现课堂教学以学生为中心，引导学生自主学习。

第五，时常督促学生反思自己的学习行为，养成良好的思维习惯。

（二）更新教学方法

传统满堂灌式的教学方法不能从根本上提高学生的思辨能力，教师应将思辨能力训练作为核心教学目标，根据英语课程的具体特点，设计适当的课堂活动和练习形式，更新教学方法，有针对性地训练明确界定的思辨技能。

首先，教师应多采用苏格拉底式教学方法（socratic approach），即通过启发式提问与相互辩驳的方式来开展教学，改变传统单一传授知识的方式。在师生问答和简短讨论活动中，引导学生对富有挑战性的问题展开思辨。

其次，大量采用研讨会（seminar）教学形式。学生在课前要完成阅读任务，课上轮流进行发言，接受同学提问，并将自己的发言整理成论文形式。此外，教师还要时常关注课程教学对于提高学生思辨能力的效果。美国学者P. A. Facione和N. C. Facione设计了一份从思辨能力培养角度评估课程的问卷，有助于教师改进自己的教学方法，摘录如下（表4-1）。

表4-1　从思辨能力培养角度评估课程调查问卷

Respond to the following ten items by indicating the extent to which you agree or disagree with each					
	Strongly Agree	Agree	Neutral	Disagree	Strongly Disagree
1. In this course, I learned useful strategies for approaching complex questions in a variety of ways.					
2. In this course, I seldom found myself actively engaged in thinking about difficult questions for which we still need to find.					
3. In this course, I improved my ability to evaluate new information and analyze the central ideas of this subject area.					

续表

Respond to the following ten items by indicating the extent to which you agree or disagree with each					
	Strongly Agree	Agree	Neutral	Disagree	Strongly Disagree
4. In this course, I improved my ability to give sound reasons for my beliefs and opinions regarding issues in this subject.					
5. As a result of taking this course, I find that I am more fair-minded.					
6. As a result of taking this course, my interest and curiosity about the issues and questions in this subject area has grown.					
7. As a result of taking this course, my thinking is more focused and systematic, at least in this subject area.					
8. The professor did not encourage thoughtful exploration of the central ideas and relationships in the course content.					
9. The way the professor conducted this course did not illustrate how to think in reasonable, objective and fair-minded ways.					
10. The assignments (tests, readings, projects, papers, classroom activities) in this course did not engage me in complex thinking frequently.					

(三) 注重自身发展

教师发展也是加强学生思辨能力培养的英语教学改革的关键环节。要培养学生的思辨能力，首先教师必须是一个合格的思辨者，必须能够回答什么是思辨能力；思辨能力的核心是什么；如何提高自身的思辨能力；如何在教学中有机融入思辨能力训练，有效提升学生的高级认知能力和相应的情感素质；如何创造一个有利于学生思辨能力发展的学习环境；如何评测学生的思辨能力等具体问题。教师自身思辨能力的提高可以通过推进思辨能力教学策略系列研修项目实现。研修项目可以包括以下内容。

(1) 邀请有关专家举办系列讲座，普及有关思辨能力教学的基本知识与操作策略。

(2) 邀请有关专家与教师组成研修小组，深入研讨与分享思辨能力教学策略与方法、经验。

(3) 选择有代表性的课程和教师开展课堂行动研究，有计划地尝试引入思辨能力教学策略和方法，改进现行教学规范，总结经验逐步推广。

(4) 实现思辨能力教学资源在线共享，提供优秀教学案例、优秀教学经验、相关研究成果等内容。

三、学生层面

（一）自主学习

利特尔伍德（Littlewood，1991）认为，自主学习从本质上说是学生对学习过程和学习内容的一种心理关系问题，即一种超越性、批判性的思考、决策以及独立行动的能力。学生在独立确定自己的学习目的以及学习内容和方法的过程中，充分发挥主体参与意识，唤起内心积极的情感思维。实践证明，学生在自主宽松的学习环境中会有充足的选择机会，从而能够根据自己的价值标准和取向进行有意义的学习、有价值的判断，这就为其思辨能力的发展提供了强有力的支撑。

学生还要多参与合作性学习和协作性学习。互助合作是发展学生思辨能力的有效措施，因为自我与集体的相互依赖不但可以获取多方面的信息和情感支持，还能帮助学生进行发散性思维，多角度全方位地思考问题，提高分析问题的综合能力。

（二）主动参与探究式学习活动

在思辨能力培养中，探究能力、创新动力和批判精神是相互联系、密不可分的。单纯的课堂知识传授不利于学生思辨能力的发展，探究式学习活动可以帮助学生挣脱思想的束缚，完成自我能力的蜕变。学生在独立进行探索活动时，能够有效提高其探索精神和批判性思维能力，最大限度地激发出自身的创新意识和批判精神，对自己学到的知识进行再创造。

（三）运用恰当的学习策略

文秋芳在《英语成功者与不成功者在学习方法上的差异》一文中指出，成功的语言学生在使用语言学习策略的广度和频度上要远高于不成功的学生。学习策略的使用不仅可以提高学习效率，也可以训练学生整合运用的能力。学习策略的使用和学生自主学习能力紧密结合，直接决定自主学习的效果和成功，同时这两者又是培养学生形成批判性思辨能力的重要手段。

（四）形成适合的学习风格

每个学生都有自己独特的学习风格，它既能反映出该学生的学习特点，也能反映出学生的思辨水平，一个具有批判性思辨能力的学生的学习风格必然是不同于不具备这种能力的学生的。培养具有批判性思辨能力的学习风格是获取思辨能力的必要手段。

思辨能力作为英语类大学生综合素质的一个重要方面，应该引起英语教学工作者的高度重视。思辨能力是大学素质教育的本质所在。同时，提高学生的思辨能力是一个需要长期为之努力的系统工程，需要英语教学工作者不断探索和长期努力。

第五章　大学英语教学思辨能力培养途径

英语技能包含听、说、读、写、译五大项，听与说作为口头交际活动的两个方面，对交际活动的推进与结果具有决定作用。而思辨能力在大学英语教学中扮演着重要角色，因此要想提升大学英语教学水平，就应该着眼于学生听说思辨能力的培养。

第一节　基于大学英语听力教学中的思辨能力培养

一、大学英语听力教学

在当前教学改革背景下，为了切实提高大学英语听力教学的效果，就必须了解大学英语听力教学的意义与现状，并同时掌握相应的教学内容与教学原则。

（一）听力教学的意义

英语听力教学在当前英语教学中有着重要作用，如巩固学生的语言知识、提高学生的语言运用能力、满足国际交往的需求等。

1. 巩固学生的语言知识

听力教学活动可以有效促进学生所学语言知识的不断内化和巩固，从而利于构建知识体系。听的过程是一项十分复杂的信息处理过程，这一过程必然涉及对语言信息的理解和输入。学生通过听力理解活动，既提高了听力水平，还实现了新知识的构建，掌握了语言规则和内容。可以说，听力教学过程是“学生理解、学习和构建新知识的过程”，听力教学活动是“实现学生知识构建的有效手段”。

2. 提高学生的语言运用能力

听力教学活动是促进学生综合语言运用能力的有效途径之一。作为语言输入的一种重要方式，听力教学活动既能引导学生对英语语言的声音符号信息进行辨别，又能使学生展开积极思考，对语言信息进行重新组合，更好地理解所学的语言知识，同时提高语言学习效率，最终推动语言运用能力的发展。

3．满足国际交往的需求

在传统的英语教学和学习中，听力并没有得到应有的重视，体现在对学生英语水平的测试中，听力测试的比重所占较小，师生普遍更加重视读和写。然而，在当今社会，随着世界各国之间联系的日益紧密，国际交往越来越频繁，人们在工作、生活中和外国人的交往频率也日益增加，听作为口头交际活动的一个环节，正发挥着越来越重要的作用。可见，从微观来说，学好听力有助于其更顺利地参与社会交际活动；从宏观上来说，学好英语听力对推动国际交往，促进交流合作有着重要的意义。

（二）听力教学的现状

经过多年的努力，我国的英语听力教学在教学与科研方面都取得了较好的成绩。但是，在教学过程中存在的问题也日益凸显，下面就从教学环境、教师和学生等三个方面来展开分析。

1．教学环境方面

（1）教学资源难以保证。在高校扩招这一大的背景和形势的导向下，英语学习人数急剧上升。我国中西部地区高校也进行了规模巨大的扩招行动，但是由于教学资源方面的诸多问题，英语教学的问题在现实情况下都难得到快速的解决，并成为制约当前英语听力教学的瓶颈。具体体现在以下两个方面。

第一，部分高等院校存在着明显的教师资源配套跟不上的情况和现实问题。我国英语教师的数量难以满足学生扩招的速度，因此，在我国一些地区出现了教师资源短缺的问题。在现实环境的要求下，一些教师不得不承担繁重的英语教学任务，仅在一周的时间内通常就被安排了16～20个课时。然而，大学的英语教师通常还承担着其他任务，如论文指导、学术会议、自我晋升等，这些活动也在无形中占用了教师的很多精力，因此必然无法全面顾及英语听力教学工作。

第二，不少大学由于语音教室有限，只好将听力课分成单双周进行，在课时如此紧张的情况下，教师很难完成传统教材规定的教学任务，因此很多教师只能讲到哪算哪，有时一学期只能讲授三四个单元。在这种教学目标不明确的听力教学中，学生很难得到充足的听力实践训练，少数英语听力基础较好的学生的积极性也被抹杀了。

（2）听力教材更新较慢。教材是英语听力教学的指导性资料，在教学中有着十分重要的作用。高质量的听力教材不仅是学生接触真实语言交际活动的重要渠道，同时对于学生英语思辨的培养与提高也大有裨益。

我国现如今的英语听力教材存在着可教性差、编排不科学等问题，有些教材内容老旧，跟不上时代发展的步伐，无法体现出英语听力的时代性与应用性。很多听力材料都是根据阅读材料进行简化或者改写，书面语味道浓重，缺乏口语表达的特点。这些教材的问题都限制着我国英语听力教学整体水平的提高。

（3）教学时间有限。学生听力能力的提高需要大量的课堂教学时间与练习时间作为保障。由于我国英语学生从总体上讲自主学习能力较差，很多学生上完听力课之后就不会有意识地进行听力练习，因此课堂教学成了提升学生听力能力的主要手段。但是，我国非英语专业的听力教学并未作为单独的学科进行教授，学生的整体听力课堂教学时间有限。这种现状也制约着我国学生英语听力水平的提高。

（4）听力环境有待优化。客观环境对高校英语听力教学效果也有着一定的影响。我国现在很多高校包括英语院校存在着听力设备陈旧、老化的问题，在听力教学过程中经常会由于信号等原因而产生一些噪音。还有一些听力教室本身就不隔音，在上听力课的过程中还经常会受到教室外噪音的影响。这些客观因素直接影响了学生听力活动的注意力、状态，最终会影响听力学习效果。

2．教师方面

（1）缺乏有效的引导。在应试教学的大背景下，英语听力教学也大多都是围绕考试这一指挥棒而转。这种教学方式极易导致一些对生词、相关的知识背景等还不是特别熟悉的学生在听的过程中遇到种种障碍，不仅降低了听的质量，而且使学生产生挫败感，因而对听力学习失去信心和兴趣。

与之相反的是，还有一部分英语教师通常是在播放录音之前对学生进行过多的引导，并认为这种引导能较好地消除学生在听力过程中的一些障碍。但是，在引导的过程中有时往往把握不好度，很多教师不仅将听力材料中的难点、重点告诉了学生，同时在描述过程中也介绍了材料的逻辑关系。因此，很多学生即使不听听力材料也能找出正确选项。这种教学方式和听力教学目标背道而驰，教学效果自然不佳。可见，如何对学生进行适度、有效的引导事关听力教学的质量，并且会在不同程度上对听力教学效果产生影响，这就需要教师应根据实际情况进行把握。

（2）教学理念不明确。教师的教学理念是否明确也对听力教学质量的好坏起着重要作用。但是，就当前来看，我国很多地区的英语听力教学的教学理念都存在模糊的现象。很多大学英语听力教学不但没有充分地了解听力教学的基本规律，而且在进行听力教学设计时也很难体现出新颖的教学设计理念。其具体有如下几个方面的表现。

第一，教学理念片面。一些高校教师将听力教学固定在单一的书本知识传授的范围内，割裂了听力和其他英语技能间的联系。这种片面的教学理念不利于英语听力教学效果的整体提升。

第二，重视考试。很多大学英语听力教师的听力教学工作主要还是为了考试服务的，因此听力教学的重点主要是考试技巧的教授，这种功利的听力教学思想不利于学生听力能力的提高。

第三，听力教学与文化教学相脱离。很多大学英语听力教师在教学过程中忽视了文化因素的重要作用，使得学生并不能领会答案的真正内涵。

3．学生方面

（1）语言基础薄弱。对学生听力内容的理解能力的强弱在很大程度上取决于对英语语言基础知识掌握的程度。如果学生的语言基础薄弱，会阻碍听力理解和听力水平的提升作用。但是，当前我国学生中却普遍存在着语言基础薄弱的情况，具体体现在以下方面。

首先，英语基础功底比较差。在听力学习过程中，学生语音和语法知识比较欠缺，导致在听力过程中不能辨别语音中的连读、失爆、重读、弱读等，也不能准确分清长短音、辅音等，从而在听力过程中对句子的语态、时态的把握能力非常弱。这就直接导致学生听力的语感较差，不能准确、及时获取听力材料中的有用信息。

其次，学生的词汇量明显不足，这也直接导致其听力水平不佳。很多学生即使到了大学阶段，所掌握的词汇量、语法仍然十分有限，加之缺失对词汇的灵活运用能力，这些都直接成为他们听力过程中的重大障碍。

最后，缺乏相应的英语国家文化背景知识。众所周知，语言同文化存在着密不可分的关系，能够较好地掌握相关的文化背景知识将对语言的学习大有帮助。听力材料中不可避免地会包含一些文化信息，而学生如果缺乏相应的文化背景作为支撑，对英语国家的历史文化、自然地理、风土人情、思维方式、行为习惯等不了解，那么就势必会影响听力学习的效果，甚至会产生错误的理解。

（2）心理负担过重。在英语听力教学中，很大一部分学生都普遍存在着焦虑度高、心理负担过重的现象。在这种状态下，学生对听力材料会有一种畏惧心理，从而无法集中注意力进行听力活动。很多学生由于听力成绩不好，会产生听力学习的自卑心理，缺乏学习的自信心，在课堂上总是担心自己被老师提问，答不上来会受到同学们的嘲笑。长期在这种压抑、焦虑的心理状态下进行听力学习，十分不利于学生听力水平的培养，对于学生整体英语水平的提高也十分不利。

（3）缺失听力学习兴趣。听力学习兴趣的缺失也对听力教学和学习有着非常直接的影响作用。但是，当前有一部分大学生对听力学习提不起兴趣，这就对提高听力教学效果产生很大的阻碍和制约。传统教学过程注重对学生语言知识的传授，很少将教学的注意点放在听力技能的培养方面。这不仅使得学生的听力基础薄弱，也直接削弱了他们对听力学习的兴趣。一旦到了高年级，当学生需要随着听力语速的加速而适应听力测试时，就会使学生有力不从心的状态。这就导致他们自信心受挫，特别是经过一段时间的努力和训练仍没有明显的进步时，这种受挫感会愈加强烈，甚至会对听力学习产生畏惧心理，更别说对听力学习产生兴趣了。

（三）听力教学的内容

英语听力教学的内容通常包括四个方面：听力知识、听力技能、听力理解和语感。

1．听力知识

对听力知识的掌握是听力能力提升的根基，对老师英语听力教学和学生听力学习来说都十分重要。一般来说，听力知识是由以下几个方面构成的。

（1）语音知识。听力理解首先需要输入听觉信息，因此了解语音知识对听力理解起着根基性的作用。语音知识的教学也是听力教学的重中之重，其直接影响学生后续听力水平的提高。

（2）语用知识。在听力材料中通常也会涉及一些有关言谈交际的话题。此外，交际活动中的会话含义是普遍存在的，对这些材料的理解通常需要借助相应的语用知识来有效地把握。

（3）文化知识。听力语言材料中通常包含广泛、丰富的文化信息。英语听力中包含着两种甚至多种文化，如果学生不了解一定的文化常识，是无法顺利进行听力实践的。

（4）听力策略。听力策略的相关知识对于听力任务的完成十分重要。具备了一定的听力策略，学生就可以根据实际情况进行听力方式的选择，从而增加听力学习的灵活度。

2．听力技能

听力技能属于较高层次的实际运用语言的能力，要想较好地改善学生的费时低效的听力学习现状并提高听力教学效果，就需要重视听力技能的培养。具体来说，听力技能主要包括以下几个方面。

（1）辨音能力。在听力理解的过程中，学生需要具备基本的辨音能力。例如，辨别音位、语调、重读音节等。

（2）交际信息辨别能力。在进行听力活动时，能够体现出其交际性。大体而言，听力材料都是由交际性语言组成的，因此学生掌握交际信息辨别能力十分有必要。

（3）词义猜测能力。在听力实践过程中，学生不可避免地会遇到一些陌生的词汇，此时如果学生一直思考生词词义，则有可能影响后续听力信息的接收。具备词义猜测能力是一个学生的必要条件，常用的词义猜测方式有根据上下文判断、借助整体语境、搜寻已有信息等。

（4）大意理解能力。这项听力技能的教学内容主要是要求学生能够及时抓住交际者的意图等。

（5）预测能力。预测能力指的是学生根据一定的语境信息以及已有知识来预测下文语言话题的发展与转向，这在听力实践中也十分重要。在听力教学中，对学生预测能力的锻炼有助于提升其听力效率。

（6）对细节的把控能力。语言材料中包含着很多细节，这些细节是对听力内容理解的基础。学生只有具备对细节的把控能力才能以更加积极的心态去进行听力内容理解活动。

（7）选择注意力。这样的听力技能也是在听力教学中所应关注的教学内容。具体而言，选择注意力就是按照听力目标的不同，让学生将其注意力集中在不同的内容上。

（8）评价能力。评价能力能够影响听力活动的进行，具体指的是学生对所听内容的评价与表达能力。

（9）推理判断能力。交际活动是交际者在一定的交际目的下进行的，因此言语不仅能够表达出一定的话语信息，还体现着说话人的交际信息。学生需要根据一定的推理判断，去揣摩说话人的意图，从而保证交际活动的顺利进行。

（10）记笔记的能力。众所周知，听力活动带有口语活动的特点，因此进行时间短、不可重复，在一些正式场合，学生具备快速记笔记的能力能够完善对知识的掌握，同时也有助于对整体信息的理解。

3．听力理解

听力理解不仅包括语言的字面含义，还涉及语言背后的深层含义。在实际的听力教学中，教师不仅需要教授给学生具体的听力知识、技能和策略，还需要提高学生对听力内容的理解能力。

（1）辨认。在听力理解中，辨认是其前提，同时也是听力活动发展的基础。语音辨认、信息辨认与意图辨认是辨认的主要内容。其中，语音辨认是最简单的，学生只要掌握一定的英语知识即可。最困难的为意图辨认，不仅需要学生以语音、信息辨认为前提，还需要积极发挥自己的交际能力。对学生进行辨认能力训练，教师可以采用乱序训练法。具体来说将一个完整的听力材料打乱顺序，要求学生进行重新排列，并指出每一部分所对应的辨认方面。

（2）转换。听力理解中的转换指的是将所听材料中的内容转换为图表的能力。这种转换不仅需要学生辨别听力材料中的短句与句型，同时还需要分析已知信息进行适当转换，这是对学生能力的考验，也是对听力内容理解的第二个层次。

（3）重组与再现。听力理解的第三个层次是重组与再现，这需要教师培养学生的口头表达和书面写作能力。

（4）社会含义。听力活动属于交际活动的范畴，因此在语言上有着礼貌、得体的特征。因此，在进行听力理解时需要学生仔细把握原文，对其社会含义进行准确理解。听力语言形式十分丰富，会涉及不同的话题，教师要训练学生根据不同语境进行描述的能力，同时在描述过程中还需要学生理解语言背后的深层内涵，从而促进听力活动的进行。

（5）评价与应用。对听力语言进行重组、评价、应用是对听力内容理解的最后层次，也是难度最大的内容。听力理解带有目的性、交际性，需要学生明确交际意图，并进行语言回应与沟通。因此，在听力教学过程中，教师需要锻炼学生在不同的听力理解层次进行灵活的听力行为应对的能力。此外，为了提高学生的评价与应用能力，教师可以在教学中增加对听力内容的讨论与交际活动的练习。

4．语感

所谓语感，指的是对语言的感悟能力，这种感悟带有直接性，但是可以通过经常练习来提高。在听力活动中，即使缺乏一定的语境条件和必要信息，良好的语感也能够帮助学生进行语言行为的预测与判断，从而促进听力活动的进行。

（四）听力教学的原则

从本质上来看，大学英语教学中的“听”是对口头信息的理解能力。近年来，虽然教师加大了对学生听力技能的训练，但是成效并不明显，原因之一就是教师在听力教学中没有遵循适当的原则。为此，下面来分析大学英语听力教学中的常见原则。

1．情景性原则

根据建构主义学习理论，学生在进行语言学习的过程中通常需要与周围环境进行有效的互动。学生也只有在自然、舒适的环境下，才能同环境产生相应的互动，并获得真实的语言体验。近年来，也存在着一部分大学英语教师抱怨他们已经竭尽全力去鼓励学生参与课堂教学活动了，但是学生的听力学习兴趣依然很难被充分调动。事实上，良好的课堂氛围是需要教师和学生双方来共同营造的，并且是在教学情况发挥作用的前提下，师生双方的需要得到了充分的满足后，而出现的一种心境和精神体验。而只有在舒适、自然的课堂氛围中，才能更好地创建一种与学生所学母语接近的自然的语言习得环境。

2．渐进性原则

在课堂上，多和同学以及教师进行口语交流是学生提高自身听力能力的重要途径。但是，在我国的英语教学实践中，英语课堂大多用汉语进行授课，即使在大学阶段，也很少有教师用全英文授课，学生进行听力训练的机会明显不足。所以，教师在听力课堂教学中应依据由慢到快、由易到难、由简到繁的原则坚持用英语组织课堂教学、讲解课文，并鼓励学生大胆讲英语，引导学生在持续的练习中不断提高对听力内容的理解能力。

3．综合性原则

教师在学生每次进行听力练习之前要明确目标，这样学生会在心理上有所准备，而且学生还可以根据不同的听力目标选择不同的听力技巧。单一的听力训练很容易造成课堂气氛的沉闷，使学生失去听的兴趣。因此，要想提高学生的英语听力水平就必须要重视听力与其他三项技能之间的关系，把输入技能训练与输出技能训练有机地结合起来，以提高学生的英语听力水平。

具体来说，英语听力教学可以采取以听为主、听说结合、听读结合、听写结合和视听结合的方式对学生进行综合的听力训练。这样不仅可以丰富听力活动，还可以活跃课堂气氛，培养学生的自主参与和自主学习意识，多种方式结合的教学形式不仅为学生创造了真实的语言环境，并且在一定程度上减轻了学生的心理负担，使学生在轻松的氛围中提高综合英语水平。

4．适应性原则

英语教学带有目的性，其最终是为了提高学生的英语使用能力。听力教学也需要以英语教学的终极目标为根据，在教学中坚持适应性原则。具体来说，教师应该根据学生的不同特点选择难易程度相当的听力材料，使所选择的听力材料与学生的实际情况相适应。听力材料既不能过分简单，同时也不能超出学生的实际听力水平。如果材料过分简单，学生会在心理上轻视听力活动，同时也不利于学生听力水平的提高。如果听力材料过难，则会给学生带来很大的听力学习负担，从而产生挫败感和不自信感，长此以往会影响学生听力学习的兴趣。此外，根据适应性原则的要求，教师还应注意以下几个方面的问题。

（1）听力材料中涉及的人物关系的复杂程度会在一定程度上影响学生对材料的理解。只有了解材料中人物之间的关系，才能提高其在听力学习过程中的针对性。材料中人物关系复杂会使学生在听的过程中分散注意力，不利于其对主要信息的理解。

（2）材料的内容。听力材料的内容选择要与学生的实际生活与知识水平相适应，超出学生的生活与知识水平范围之外的材料会给学生造成压力。材料必须符合学生所生活的文化背景，相关文化背景知识的缺乏是妨碍学生理解英语听力材料的重要因素。

（3）语篇信息因素。所谓的语篇信息主要反映在以下两个方面。其中一个方面是语篇的结构，如果语篇的结构是学生所熟悉或常见的形式，即采用学生熟悉的语言叙述顺序：时间顺序、空间顺序、逻辑顺序等，学生一般会表现良好。但是如果其结构形式比较特殊，学生在心理上没有形成相应的习惯，一旦出现这样的情况，学生心情就会紧张或浮躁。另一个方面是语篇的内容，语篇的内容如果是学生所熟悉的，那么学生拥有自信，表现就会较好，如果学生对语篇内容不是特别熟悉，则容易因为胆怯而导致表现欠佳。语篇内容中的重要信息量也会对学生的听力效果产生重要影响，听力材料的信息量越大，从中提取重要信息的难度系数相应地也就会越大。

（4）语言方面的因素，具体包括时间变量、语音、词汇和句法。时间变量，即语速、停顿和迟疑。这三个方面都会影响英语听力的效果。语速过快或者过慢以及语言的停顿和迟疑都会对学生的理解造成影响。例如，过快会导致学生来不及反应，过慢会给学生带来不必要的心理负担，且句子的停顿和迟疑等有时会给人不真实感，容易使学生产生厌倦心理。

5．分析与综合相结合原则

在听力教学中遵循分析与综合相结合原则，就是要将分析性的听与综合性的听结合起来，下面对此进行具体分析。

（1）分析性的听。分析性的听主要包含两层含义：在听的过程中进行语言分析；把听的材料进行分解，让学生分步听。简单来说，就是分析性的听比较注重听的细节，小到一些词语、词组、句子、句组，大到一些段落、文章，听的时候可以掺杂表演、动作、填图或者要求的一些任务等。因此，学生在听的过程中要逐字逐句地分析，尤其是要记住文章中涉及的一些时间、地点、数字等。

（2）综合性的听。综合性的听是指对听力材料进行整体性的理解，其主要适用于解决听力材料中的主旨大意以及对整体思想的分析问题。因此，综合听的时候教师如果想让学生保持听的积极性，可以先降低听力材料的难度，然后再逐步提升。

分析性听着重于细节，而综合性听着重于深层含义，分析性听是综合性听的基础。在听力训练中，由于大多数听力题会涉及文章大意以及细节，因此需要将二者有机结合起来。

二、听力教学中的思辨能力培养

在大学英语听力教学中，很多学生反映他们没有听懂对话和短文内容，但参看听力原文时发现并没有生僻的词汇。造成这一现象的主要原因是很多大学生对英语单词的发音没有掌握，平时学习新单词时，大多采用默记的方式，没有建立起语音与对应词形的反射。还有的学生习惯孤立读词，对连读、弱读、同化等发音规则不了解也不重视，当正常语流中出现这些语言现象时，往往一筹莫展。因此，发音不准确成为他们听力的第一道障碍，这也充分体现出考生思辨能力中归类、识别、区分等分析技能的欠缺。因此，高校英语听力教学培养学生的思辨能力，需要采用互动教学法，预测推断教学法，并运用多媒体技术，最终提升高校学生的英语听力水平。

（一）互动教学法

互动听力教学法指的是在教学中使学生和所听材料进行互动、交流来展开教学。这种教学方式是以一种模拟的方式进行练习，不仅能够提升学生的听力水平，对学生的思辨能力的开拓也大有裨益。具体来说，互动听力教学法主要包括以下两个方面的内容。

（1）听人说话时的互动。这种互动方式指的是学生两人或多人进行的互动练习，学生需要随时与听话人进行沟通，并根据听话者的反映及时调整说话内容，力图使听话人了解话语信息。

（2）听录音时的互动。这种互动方式指的是学生和录音材料之间的互动方式。在这种互动过程中，教师需要充当中介与桥梁的作用。具体来说，教师需要将听力材料分成每个小部分，每一部分结束，教师可以进行提问或请学生之间进行互动交流，从而了解与掌握材料内容。

（二）多媒体教学法

多媒体是当前十分普及的一种教学设备，该设备将语言、画面、声音三种媒介结合到一起，学生在使用过程中可以真实地看到画面，听到地道的语言，可谓是视觉与听觉的完美结合。多媒体教学法为学生创设了真实的外语学习环境，让他们在学习过程中能够轻松自如地学习，开拓自己的思辨能力。因此，教师可利用多媒体来展开英语听力教学。具体来说，主要涉及以下两种形式。

（1）仿真对话教学。该教学方法是由国外的交流者或者专业的英语教师进行英语听力对话训练，教师对此提出问题，并给学生们留出思考的空间，这样就可以有效增强学生对听力仿真训练模式的直观感受，并在由提问者与回答者构成的模拟现实情景中完成对话练习，提升听力学习效果。

（2）为学生的听力练习提供平台。该教学方法是使海量资源能够以共享方式提供给学生，学生们只需登录就可以进行听力学习。需要特别说明的是，多媒体平台的资源具有多元化、及时性的特点，学生在提高英语听力水平的同时，还可开阔眼界、丰富知识、拓展思维。

（三）预测推断教学法

预测与推断恰好是思辨能力培养的主要层面。一般情况下，该教学法主要包含两个方面。

（1）预测未听到的词语。学生在了解功能词的作用和大部分短语规则的前提下，能够根据听到的一个词语预测接下来的一个词语。例如，当听到某个限定词时，不管是a，还是some，又或者是no，就能确定这是名词短语的一个要素。一个名词短语的结构可以是限定词—形容词—名词，因此即使哪一个要素没听清楚，也能根据这种知识预测所漏听的词类。并且按照上下文所提供的语境，还能预测这个词语的含义。再如，当学生听到一个介词时，不管是to，还是at，又或者是on，都能预测出这个介词是否属于介词短语的一个要素。介词短语的构成方式可以是介词—名词短语，据此就能够推断漏听的词类和意义。

（2）推断漏听的词语。一定的句法知识能帮助学生推断漏听的词语。学生如果误听了一个词语，但是听到了后缀，同样能够推断出漏听的词类，并且按照语境的提示推断出词义。例如，当学生们听到“... so we ____（-ed）it but ... they were____（-ing）at the stop”这个语言片段时，他们能够很轻松地推断出漏听的词属于动词。再如，当学生们听到“... the____（-ation） is completed and ... your____（-ness）won’t be forgotten”这个语言片段时，同样能推断出漏听的词属于名词。

第二节　基于大学英语口语教学中的思辨能力培养

与大学英语听力教学类似，大学英语口语教学中学生的思辨能力普遍较弱，直接对学生口语水平的提高造成了影响。因此，必须在当前大学英语口语教学中注重学生思辨能力的培养和提高，以期学生能够说出更加流利、准确的英语。

一、大学英语口语教学

口语能力与听力能力具有同等重要的地位。学生学习任何一种语言的最终目的都是为了与他人展开顺畅的交际活动。因此，大学英语口语教学也是大学英语教学中的重要一环。下面就从意义、现状、内容、原则四个层面来分析大学英语口语教学的基础知识。

（一）口语教学的意义

大学英语口语教学对高校学生而言有着重要的意义。主要体现在以下几个层面。

1．满足社会对交际型人才的需要

语言与文化相辅相成，英语语言是由英语国家的特有文化发展而来的，并对文化产生反作用。但是，由于中西双方文化特色存在差异，他们的进程与发展历史并不相同，不同的语言受其文化的影响也就呈现各自不同的习惯和风俗。学生对文化差异的了解就显得十分重要，尤其在口语表述中，不同文化间的风俗、习惯和原则问题都会给其交流带来影响。以英语为母语的外国人注重的不是句型和语法，而是内容。甚至在和外国人进行交谈时，有些人还会因为对异国文化的缺乏而造成误会，可见口语表达会直接影响交流效果。因此，学生要加强对口语的学习，并进一步理解英语国家的风俗习惯，能有效地避免交流障碍和误解。

2．口语是语言能力的重要部分

在听、说、读、写、译几项重要技能中，学生“说”的能力在一定程度上反映了他的语言水平。同时，口语表达也是英语技能测试的一个重要组成部分，口语表达能力越来越受到人们的重视。为了更好地促进英语教学的开展，应对英语口语教学和学生的英语口语学习加以重视。如果忽视培养学生的英语口语交际能力，势必在很大程度上会阻碍学生英语水平的提高。

3．促进阅读教学的开展

在英语教学中，口语教学有助于促进阅读教学的开展。例如，口头复述、课文朗读、话题讨论等都需要口语的参与。这些活动不仅在一定程度上提高了学生的口语能力，还能够加深学生对阅读文章的理解，从而提高他们的阅读鉴赏能力。可见，口语教学对于阅读教学也有推动作用。

4．促进写作能力的提高

除了能促进阅读教学的展开，英语口语教学还有助于促进学生写作能力的提高。这是因为在英语口语教学中，教师往往会要求学生做口头的练习，也会让学生课下完成写作。在一般情况下，如果学生口语能力较强，能够说得清楚和地道，那么他们写出来的文章也不会差。因此，写作能力的提高也离不开口语教学。

（二）口语教学的现状

尽管我国的英语口语教学取得了明显进步，但其中存在的问题也是不容忽视的。

首先，从教师方面来看，很多大学英语老师仍然没有转变传统的教学理念，仍然重语言轻内容、重模仿轻创造；课堂教学以讲座式为主，学生忙于听讲、记笔记，根本没有多余时间进行思考；一些老师甚至将课堂教学与四、六级考试结合起来，视听说课堂上着重训练学生“听”的技能，而与四、六级考试关系不大的“说”则严重缩水。在这样的课堂上，学生只能掌握一些语言知识和语言技能，鲜有机会进行思维方面的训练，思辨能力的培养更无从谈起。

其次，从学生角度来看，由于长期受应试教育的影响，并且口语在中、高考不占分值，因此多数大学生在中学阶段的口语训练极其有限，导致他们在练习口语时缺乏自信、过度焦虑；即便能够回答老师提出的问题，也是“高度概括”，无法进一步阐释自己的观点；与其他同学进行讨论时，也常常是无话可说，对问题不能形成独特的看法，语无伦次、逻辑性差，明显缺乏分析、综合、判断、推理、思考和辨析等思辨能力。

最后，从教材方面分析，教材的特殊性决定了教材的编写、出版耗时费力，周期较长，导致教材更新缓慢，一些话题陈旧，无法引起学生的兴趣。从教材的设计看，多数的口语活动仍然围绕语言技能的训练进行，一些问题过于简单，不利于学生发散思维；一些操练纯属范例教学，让学生对典型对话进行跟读、模仿；还有一些是对原有材料的简单整理和复述。这些口语练习涉及的多为记忆、理解和简单运用等较低层次的思维活动，难以激发学生积极思维，使用分析、推理和评价等认知技能清晰、有理有据地表达自己的观点。

综上所述，在大学英语口语教学中，学生的思辨能力难以得到有效的培养和锻炼，英语思辨水平普遍较低，同时也会直接影响学生口语水平的进一步提高。思辨的缺席直接影响人的创造力、研究能力和解决问题的能力，影响人的素质。因此，作为课堂教学的主导者，教师必须转变教育观念，创造性地使用教材，采用多种教学方法和手段培养大学生的批判性思维能力。

（三）口语教学的内容

培养、提高学生的英语口语表达能力与交际技能是大学英语口语教学的宗旨，因此语音训练、词汇和语法、会话技巧、交际策略等是大学英语口语教学的主要内容。

1．语音训练

英语口语训练应以英语语音为前提，帮助学生掌握正确语音、语调是语音训练的首要目标，具体涉及意群、停顿、弱读、重读、连读、音节等。如果没有掌握规范的发音，不仅难以表达自己的观点，也会为对方带来理解障碍。

（1）英语中使用降调的句子一般包括不能用Yes和No来回答的问句、附加问句、感叹句、命令句、肯定句等。例如：

She is a popular singer，isn't she？↓

How beautiful this necklace is！↓

Where are you going？↓

Take me to the post office. ↓

I went to the cinema last week. ↓

（2）英语中，可用Yes和No回答的疑问句和表示怀疑的问句通常使用升调。当对别人的话语进行重复时，也常使用升调。例如：

Are you ready？↑

A：This is a typewriter. ↓

B：Typewriter. ↑

（3）有一些句子，当表达不同的含义时，应使用不同的语调。例如：

A：This movie is boring.

B1：It ↘ is.（表达肯定语气，用降调）

B2：It ↗ is.（表达怀疑语气，用升调）

B3：It ↘↗ is？（表达责备语气，即"你怎么可以这样认为"，同时使用降调和升调）

（4）当口语中出现事物的罗列或者选择疑问句时，通常在前半部分使用升调，在后半部分使用降调。例如：

I like apple ↑，orange ↑ and watermelon. ↓

Are you English ↑ or Chinese？↓

不难发现，语句的含义与语调之间存在密切联系，教师应引导学生对不同语调对意义的影响予以重视。

2．词汇和语法

在口语表达过程中，词汇与语法发挥着不可替代的作用。具体来说，如果没有必要的词汇储备，很多思想、观点就无法准确表达出来；如果没有基本的语法知识，句子内部的逻辑关系就容易出现混乱，交际活动也就难以顺利进行。所以，词汇与语法也是大学英语口语教学不可或缺的内容。

3．会话技巧

培养和提高学生的口语表达能力，使他们能对一些会话技巧进行熟练运用，从而使交际得以顺利进行是口语教学的根本目标。因此，会话技巧也是口语教学的重要组成部分。

（1）开始交谈。例如：

Look at there ！…

瞧！……

Excuse me，sir.

对不起，先生。

（2）表达观点。例如：

To be quite frank / perfectly honest，...

坦率地/老实说，……

I'd like to point out that…

我想指出的是……

（3）发出邀请。例如：

A：What are you going to do tonight?

B：Nothing important. Is there any arrangement?

A：Come to take part in my birthday party then.

（4）获取信息。例如：

Could you tell me…?

你能告诉我……吗？

I'd like to know…

我想知道……

（5）提出请求。例如：

A：Are you using your camera this sunday?

B：No. You wan to borrow it?

A：Yes，if you're not using it.

（6）承接话题。例如：

About...，I think…

谈到……，我想……

That reminds me of...

那使我想起了……

To talk to...，I think...

谈到……，我想……

（7）转换话题。例如：

Could we move on to the next item?

我们可以接着开始讨论下一个项目吗？

I nearly forgot！...

差点忘了，……

（8）结束谈话。例如：

Well，thank you for a wonderful day.

好了，谢谢你让我过了愉快的一天。

Excuse me. I really ought to be on my way now.

请原谅，我现在真的该走了。

4．交际策略

所谓交际策略，是指“当某语言使用者在话语计划阶段由于自身语言方面的不足而无法表达其想要表达思想时所采取的策略”（罗毅、蔡慧萍，2011）。在交际过程中，为克服因语言能力不足而导致的交际困难，交际者使用语言或非语言手段的能力即为交际策略能力。交际策略也是口语教学的重要内容。

口语交际活动往往不可预测，因此交际活动过程中遇到尴尬局面是难免的，这就要求交际者具备一定的交际策略能力，以便在需要时借助交际策略来解决遇到的问题，促使交际活动顺利进行。策略能力包括两个方面：一是发生问题时使对方理解自己讲话内容的能力，这一能力被称为“补偿能力”（compensation）；二是在发生理解问题时获取意义的能力，这一能力被称为“协商能力”（negotiation competence），一般来说，补偿能力主要包括如下几个方面。

（1）使用会话填补词。在交际过程中，有时交际者可能会一时想不出要使用的语言，这时可适当运用一些填补词，如“and you see ...”“Er，that's a very interesting question ...”“Well.”“let me think ...”等，一边说一边思考，控制说话节奏，以确保讲话连贯。

（2）使用同义词或类别词。在交际活动过程中，如果交际者缺乏关于某一话题的词汇，可采用自己熟悉的同义词来代替，如用dark来代替gloomy。

（3）使用肢体语言。在交际过程中，交际者也可适当借助肢体语言来表达自己的观点与看法，以保证交际顺利进行。

协商能力包括澄清信号。在交际活动过程中，如果听话人没有完全理解讲话人的语言，或没能听清讲话人的意思，这时听话人可请求重复，或直接要求讲话人加以解释，如“Pardon？”“What do you mean by saying ...？”“What does ... mean？”等。通过运用这一交际策略，交际者可将自己的意思清晰地传达出来，使交际渠道畅通，从而使交际活动顺利开展。

在英语口语教学过程中，教师应有意识的向学生介绍一些英语国家人们的交际策略，使学生了解英语语言规则和交际活动规则，提高英语口语交际能力，在交际活动过程中更好地让自己的讲话内容被对方所理解，并更好地理解对方的语言，提高和改善跨文化交际效果。

（四）口语教学的原则

为更好地实现让学生熟练、准确应用英语的目标，口语教学应坚持相应的教学原则，主要包括下面几项。

1．生活化原则

教师在为学生设计口语课堂上的任务时，应遵循生活化原则，使其尽量与学生的日常生活、学习相贴近，以此来更好地调动学生的积极性，使他们对话题不陌生、有兴趣，进而勇于开口、乐于开口。具体来说，教师可从以下三个方面入手。

（1）应努力提高话题、主题的趣味性。

（2）应对学生的愿望与实际需求进行深度挖掘。

（3）应将教学内容与学生感兴趣的话题有机结合在一起。

2．互动性原则

机械练习在口语教学中极易使学生感到枯燥乏味，使学生失去学习英语的兴趣与信心。因此，口语教学还应坚持互动性原则，使口语学习充满互动性，使学生能够在互动练习中不断提高口语表达技能。

根据互动性原则的要求，教师为学生设计的话题应能够使学生展开互动性的练习活动。换句话说，“动”是互动性原则的核心。如果教师采取传统的口语教学模式，在课堂上仍以提问、回答为主要方法，则学生对口语表达的参与是被动的，这样会影响学生口语能力的提升。因此，教师可采取多种多样的方法，如角色扮演、对话练习、小组讨论等，在学生之间进行有效的互动练习，从而打破呆板的课堂气氛，为学生营造一种愉快、轻松的学习环境，使他们的思维始终处于活跃状态，进而全面提高他们的口语表达能力。

3．鼓励性原则

一般来说，学生的口语表达不仅受语言因素的影响，还常常受到一些非语言因素的影响，如心理因素、文化因素、生理因素、情感因素、角色关系因素等。有学者于1996年围绕学生不愿意开口说英语这一主题开展了专项调查研究，并将其原因总结为以下五个方面。

（1）学生怕说错担心其他同学耻笑而不愿说。

（2）学生认为自己的语言水平低，因此不愿意说。

（3）教师提出的问题难度过大，学生本身就不理解。

（4）话题分配得不均匀。

（5）教师提问时对沉默难以容忍，学生不愿意回答的结果无非是两种，一是教师自问自答，二是由成绩好的学生开口说。

因此，为使学生更加积极地参与口语练习，教师应为学生设计一些有意义的活动，并营造出一个较为安全的学习环境。

在著名学者纽南（Nunan）看来，鼓励学生并使他们大胆说英语是口语教学中一项很重要的原则，因此，教师应为学生创设更多有意义的语境。在这样的语境下，学生不会担心受到嘲笑，这样才能更好地进行口语练习。针对一些口语基础较差的学生，教师可考虑采取“支架式”教学等方法，使教学策略与学生的状况相一致。

4．渐进性原则

口语能力的提升需要一个日积月累的过程，因此，口语教学应层层深入、由易到难、循序渐进地展开。例如，我国大学的学生通常来自全国各地，很多学生的英语口语表达都会或多或少受到方言的影响。面对这样的情况，教师应分析学生的语音特点与发音问题，进而为学生纠正发音提出建议与指导，使学生按照由易到难的顺序，从语音、语调、句子、语段等层面逐渐提高，主动、积极地说出发音规范的英语。

需要注意的是，教学目标的设计要科学合理，过高的目标会给学生带来过多的心理压力，过低的目标难以调动学生的积极性与兴趣，因此教学目标既不能过高也不能过低。

5．先“听”后“说”原则

“听”与“说”是一个问题的两个方面，二者之间存在相辅相成的关系。具体来说，“说”以“听”为前提。在具体的口语交际活动过程中，只有首先听懂对方的话语，才能据此进行回应，使交际活动顺利进行下去。

在口语教学过程中，学生通常先通过“听”来进行词汇量与语言信息的积累。当这种积累达到一定程度之后，学生的表达欲望也逐渐被调动起来，他们就会尝试着进行口语表达，进而实现真正意义上的口语交际活动。如果没有“听”的积累，就不会有“说”的能力。可见，在口语教学中应坚持先“听”后“说”原则，从而使学生在“听”的基础上积累，通过“听”，不断提升“说”的技能。

6．内外兼顾原则

根据内外兼顾的原则，口语教学应在注重课堂教学活动的同时，对课外活动给予充分重视。这是因为，口语教学应以课堂教学为主，但课外活动是课堂教学的延伸与补充，二者之间是相互配合、相互促进的关系。以课堂教学为基础来组织相应的课外活动，既可带领学生对课堂知识进行及时的复习与巩固，还可使他们充分利用课外活动的机会来对知识予以运用，加快从知识到技能的转化过程。同时，课外活动没有课堂环境中的正式气氛，学生能以一种轻松、愉悦的心情来参加口语练习，教师也可以更加及时地对学生进行指导，有助于学生在不同场合下进行流利、正确、恰当的口语表达。

在完成课后作业的过程中，教师可对学生分组，使他们以组为单位来完成任务，相互之间可围绕任务进行讨论，既有利于不断提高学生的口语能力，还能培养他们的沟通能力、理解能力以及团队合作能力。

二、口语教学中的思辨能力培养

当前的大学英语口语教学要注重思辨能力的培养，这是一项复杂、长期的工程，需要广大教师创造、探索出更多的途径和方法。常见的方法有合作学习法、情境教学法、问题引导法、演讲辩论法，这些方法对于提升学生的思辨能力大有裨益。

（一）合作学习法

合作学习以合作学习小组为基本组织形式，小组成员通过互相帮助的形式来促进自己以及他人的学习，实现共同的学习目标。合作学习能使学生学习的能动性和创造性得以充分发挥，学生在教师的指导下制订学习计划、选择参考资料、分配学习任务、控制学习进度等。

在合作学习小组中，学生通过与其他组员沟通协作来了解并弥补自身的不足，这样就会对自己的学习行为越来越负责。而且在合作学习小组中，学生必须具备一定的自我管理能力才能出色地完成小组学习任务。在合作学习小组中，学生会检查学习计划的完成情况，在课外主动寻找练习口语的机会，在完成学习任务的过程中检查并更新已有的知识，并能主动克服不利于英语学习的情感因素。教师则要帮助学生了解自己的学习风格，明白各种学习风格的长处和局限，从而发展个人多样化的学习风格，以满足不同学习任务的需要。

（二）情境教学法

在缺乏语言交际的环境中学习一门外语是很难保证良好的学习效果的，因此必须设法给学生提供英语口语训练的交际环境。学生如果能够置身于真实的语言情境中，那么他们的学习效果将会更好，思维能力会更加拓展。这是因为学习其实从本质上而言是一种真实情境的体验活动，学习环境越具体和真实，学习的效果自然也就越好。为此，教师应该在课堂教学的过程中尽量使用真实的语言场景，将教学过程具体化，减少抽象性，如此一来，就可以大大提升学生学习的积极性，提升他们的口语水平和思辨能力。

1．通过配音教学

配音是一种典型的情境教学方法，这种方法可以激发学生学习英语的兴趣，有效增强他们的自信心和成就感。配音可以激发学生的主动性和积极性，有助于他们掌握地道的语音、语调。具体而言，教师在口语教学过程中可以将视频材料中的声音消除，让学生通过观看画面来配音。首先，教师也可以为学生播放一遍视频的材料，让学生听一遍原声，在此过程中教师可以为学生讲解其中的一些语言难点；其次，再为学生安排两遍的观看时间，让学生尽量背诵其中的对话内容；最后，教师将视频材料的声音消除，安排学生对视频材料进行配音。

2．通过角色表演教学

角色表演这一教学方法深受教师和学生的喜爱，是情境教学的典型手段。在角色表演教学过程中，学生可以不再接受重复、单调、机械的语言练习，他们可以根据不同的情景来展开真实的交际对话练习。学生可以根据角色来分工，一起根据对话排练，当达到一定的熟练程度之后将对话表演给教师和其他学生观看。在这一过程中，教师的主要工作就是引导和指导学生，不可过多干预学生的排练和演出过程。在表演完成之后，学生可以先总结自己的感受，然后教师给出点评，尽量鼓励学生的表演，适当提出其中的不足之处。

（三）问题引导法

首先，启发学生采用发散式思维，对简单的问题展开立体化的回答，多采用why、

how等词，展开阐释，对自己的观点进行论证。例如，对于“What do you thing of your college？”这一问题，很多学生都简单地回答“It is great！”“It is beautiful！”“I like it.”等，之后无话可说。对于这一情况，教师可以换个提问的方法，如“Why do you think so？”让学生发散自己的思维，对问题展开深入的思考，给出更深入的答案。

其次，教师应该结合课堂内容，设计不同类型的问题，培养学生的思辨习惯，提高他们的思维水平。例如，开放式的问题往往没有明确的结论，可以给予学生广阔的思考空间，有利于他们根据自己的知识对自己认为正确的观点进行论证和归纳。

最后，教师还应该鼓励学生从不同的角度对问题进行思考，如“I like this college because ...”“I do not like this college because ...”，从而培养学生转换思维的能力，灵活提升自己的思辨能力。

（四）演讲辩论法

演讲与辩论属于一种非常高级的语言交际活动，是辩证思维发展的较高层次。在这一活动中，逻辑推理、分析与综合、评论等多重思维能力可以得到广泛的训练。因此，在大学英语口语教学中，教师应该合理组织一些命题演讲、辩论演讲、即兴演讲等活动，开拓与发展学生的思辨技能。对于命题演讲、辩论演讲等，教师应该尽可能地提前发动学生利用课余时间来搜集资料，对自己搜集的资料进行判断和分析，从而形成自己的观点，提出切实可靠的依据，展开与逻辑相符的推理，最终得出结论。在这一过程中，教师还需要引导学生合理进行谋篇布局，使自己的语言表达思路更为严密、清晰。在展开辩论演讲之前，还需要让学生预先假设对方可能提出的论据，并进行与之相关的辩驳准备。这些思考、归类、推理、判断到结论的过程实际上就是思辨的过程。

此外，演讲与辩论还要求学生具备较高的语言流利性与准确性，并突出自己的观点和严密的逻辑，保证论据的充分，如果长期采用这一方法，那么就必然会提升学生的英语口语交际水平，最终提升学生的思辨能力。

第三节　基于大学英语阅读教学中的思辨能力培养

除听力、口语技能之外，阅读、写作与翻译技能也是大学英语技能教学的重要组成部分。需要特别说明的是，将大学英语教学中的阅读教学、写作教学、翻译教学与思辨能力的培养有机结合在一起，不仅有利于英语技能的全面发展，还能大大提高学生对英语的灵活运用能力。

在阅读过程中，阅读者不仅要通过文字来获取信息，还应对文章中的信息进行一定的分析、归纳、概括、对比，这样才能对文章主旨大意有一个较好的理解。可见，思辨能力的培养是大学英语阅读教学过程中不可或缺的组成部分。

一、大学英语阅读教学

可以毫不夸张地说，英语教学能否取得成功在很大程度上取决于阅读教学是否能够成功。因此，阅读教学在大学英语教学中占据着举足轻重的地位。

（一）阅读教学的意义

长期以来，英语阅读教学在大学英语教学中都具有十分重要的意义，具体体现在以下几个方面。

1. 有助于扩大词汇量

著名语言学家威尔金斯（George W. Wilkins）在《语言学在语言教学中的作用》（1972）中曾指出："没有语音和语法，人们不能表达很多东西，而没有词汇，人们则无法表达任何东西。"词汇是语言的基本组成部分，没有一定的词汇量，阅读就会成为一句空话。

每个学生在英语学习的过程中都会面临着掌握单词的多重含义与用法的任务。实践证明，在阅读过程中对单词进行记忆可达到事半功倍的效果。这是因为学生在阅读过程中可以有效利用阅读材料中提供的具体语言。这样一来，学生不仅实现了对单词的记忆，也对单词的使用方法、相关搭配、语用含义等有了较深刻的理解。值得一提的是，随着阅读活动的持续进行，学生会随着多次的重复而不断深化对单词的印象。

2. 有助于英语能力的全面提升

除阅读之外，听、说、写、译等都是英语技能的重要组成部分。阅读不仅仅有利于阅读能力的提升，还对其他技能的提升发挥着积极的促进作用。

（1）阅读对"听"的作用。听力是一种在短时间内完成的思维活动，是通过耳朵来获取信息的过程，阅读可以通过语感的培养来为这种思维活动打下扎实的基础。

（2）阅读对"说"的作用。说话是通过语音、语调来表达信息的活动，是一种输出信息的方式。朗读训练是阅读活动的重要组成部分，有利于学生在潜移默化中学会连读、失爆、弱化等语音技巧，从而养成良好的语音语调习惯，提升"说"的能力。

（3）阅读对"写"的作用。写作是文字信息的输出，阅读是文字信息的输入，这两种能力相辅相成，互相促进。换句话说，阅读本身就是学习写作的过程，阅读能力的提升必然带来写作能力的提升。

（4）阅读对"译"的作用。翻译是两种语言之间的转换，掌握两种语言在表达方式、文化背景方面的差异是翻译的重要前提。阅读能够为翻译活动打下良好的语言与文化基础，保障翻译的准确性。

3. 有助于培养语感

语言与数学公式存在很大差别，很难保障语言规则"放之四海而皆准"，很多表达方式不可能用某一固定标准进行硬性规定，而常常是根据具体语境的需要而发生变化。因此，英语教学的效果在很大程度上取决于学生语感的强弱。

所谓语感，是指对语言的表达方式进行快速理解与判断的能力。简单来说，语感就是对语言的感觉。要想在短时间内判断语言表达是否规范、地道，就离不开语感。但是，语感的获得离不开长期、大量的语言接触和持久的思维训练。其中，阅读不仅可以使阅读者熟悉规范的语言表达方式并感受不同修辞手法的实际效果，还可使他们在不知不觉中体会不同表达方式的感情色彩。值得特别说明的是，通过阅读来提升语感，学生几乎感受不到过多的压力。因此，这种方式还能够有效调动学生参与阅读的积极性，为持久的英语学习奠定基础。

（二）阅读教学的现状

一直以来阅读教学都是我国大学英语教学的重点，在整个英语教学体系中占据着无可替代的位置。然而，在英语阅读教学中存在的一些问题也是不容否认的，下面就从学生、教师以及教学环境等三个方面来分析。

1. 学生方面

（1）背景知识欠缺

就目前的情况来看，学生在阅读理解过程中出现的问题在很大程度上来源于背景知识的欠缺。学生已掌握的各种知识就是背景知识，既包括学生已有的生活经验与经历，也包括与大学英语教学与思辨能力培养读内容相关的文化背景知识与语言知识。背景知识与阅读技能存在着正相关的关系，即背景知识越丰富，就越有利于阅读技能的提升。然而，很多中国学生都对英语国家的文化、地理、历史等状况不甚了解，这就使他们的英语阅读面临着一定的困难。例如：

The eagle always flew on Friday.

这句话的字面含义是“老鹰通常周五都飞来”，但如果这样理解就大错特错了。实际上，美国以老鹰（eagle）为国家的象征，在货币上就有带老鹰的图案，因此本句中的eagle实际上指的是美国钱币，这句话的本义是“美国人总是在周五发工资”。可见，如果缺乏文化背景知识，那么在阅读过程中遇到一些具有特定文化内涵的词汇时就难以理解其真实含义。

（2）阅读习惯不良

很多学生都存在一些不良的阅读习惯，可集中概括为下面几种类型。

第一，常常以一个单词或几个单词为阅读单位，而不以句子为阅读单位，从而造成阅读视野狭小。

第二，时常跳读，因而难以按照文章的表述顺序展开阅读。特别是在换行时，易因定焦不清而看错行。

第三，唇读，即用嘴唇读出看到的内容，唇读包括出声音与不出声音两种形式。

第四，回读，即阅读过程中不断返回去再阅读一次刚刚读过的内容。

第五，指读，即用手或笔指着文字逐词或逐行阅读。

上述阅读习惯不仅对理解能力的提升与阅读思维的连贯带来影响，也不利于提高阅读速度，教师应及时发现、及时纠正。

（3）存在阅读心理障碍

阅读心理障碍是很多学生在英语阅读过程中都存在的一个问题。由于我国的英语教学长期以来以语法翻译为主导，很多教师与学生都将词汇、语法作为重点内容，并错误地将词汇量与语法知识的多少等同于阅读能力。实际上，英语词汇的意义是十分丰富的，常常会根据表达需要以及上下文语境的变化来改变词义。如果机械地对词汇意义进行套用，则很难对其含义进行准确把握。

此外，很多学生仍习惯于采取逐句翻译的方法来进行阅读，即每读一个词或一个句子，都先将其翻译为汉语，然后再进行理解。这不仅对阅读速度的提高带来不小的阻碍，还难以从整体上对词汇、句子、段落、篇章进行把握，因而难以梳理文章的逻辑脉络。

2. 教师方面

（1）教学观念错误

帮助学生提升阅读能力，使他们能在语篇中通过对信息的选择、归纳、推理来把握文章主旨与观点是英语阅读教学的根本目的。但是，很多学校的英语阅读教学水平离这一目标还有很大差距，仍停留在词汇、语法的阶段。由于对语言知识的传授投入了过多精力，很多教师都有意识或无意识地忽略了对学生阅读理解能力的培养，并采取"讲解生词—逐句逐段分析—对答案"的传统教学模式，其后果就是英语阅读教学直接从词汇记忆阶段进入了语义获取阶段，学生的英语学习由于缺少中间力量的支撑而难度大增。

（2）教学方法落后

目前，陈旧、单一的传统英语阅读教学方法仍在很大范围内被使用。这种教学方法以教师为主导，难以满足学生的实际需求，也很难将学生的主体意识激发出来，这种教学方法完全以应试为导向。因此，既不能有效调动学生的积极性，也无法培养学生的良好阅读习惯，其直接结果就是阅读教学费时低效。需要特别关注的是，一些偏远地区的教学条件相对落后，英语阅读教学过程中实践不多、研究不足、重视不够的情况较为普遍，尚未形成合理的教学方法，应引起英语教育界的广泛重视。

3. 教学环境方面

（1）教材设计不合理

总体来说，我国英语阅读教材中的内在连续性亟待提高。我国的英语阅读教材主要可分为小学英语阅读教材、中学英语阅读教材与大学英语阅读教材三个部分，词汇学习是小学阶段的重点，语法知识的学习是中学阶段的重点，而阅读技能的掌握是高校阶段的重点。这三个阶段各有侧重点，其重点的制定是与学生的认知规律、学习特点相一致的。然而，每个阶段在与前后阶段的承接、过渡方面都出现了一定的问题，于是造成了相应的脱节现象，这不仅对学生的阅读进展带来消极影响，对学生阅读能力的提升也带来不小的障碍。

除了衔接性的问题之外，很多英语阅读教材对内容的选择还应在广度与深度方面进行改进。具体来说，自然科学、人文科学与社会科学等方面的内容在英语阅读教材中的比重明显不足，很多入选篇章的结构性也较差，难以对学生的阅读理解能力有所帮助。

（2）课程设置不合理

教学计划与教学目标的缺失是英语阅读教学在课程设置方面的主要问题。很多高校的英语阅读教学都面临着教学时间、师资力量、教学设施、教学组织等方面的困难，使英语阅读教学缺乏科学目标与合理计划，从而为英语阅读教学效果的改善带来一定的阻碍。此外，提升学生的阅读能力是英语阅读教学的根本目的，一些高校却将英语阅读教学活动看作是一种可有可无的“附属品”，这更是对英语阅读教学初衷的背离。

（三）阅读教学的内容

培养、提高学生的各种阅读技能是英语阅读教学的主要内容，具体涉及以下一些方面。

（1）能够辨认单词。

（2）能够猜测陌生词汇、短语的含义。

（3）具备跳读技巧。

（4）能够理解句子内部与句子之间的关系。

（5）能够对文章的主要信息或观点进行准确梳理与把握。

（6）能够对句子及言语的交际意义进行理解。

（7）能够对文章的主要信息进行总结概括。

（8）能够对语篇的指示词语进行辨认。

（9）能够对文中的信息进行图表化理解与处理。

（10）能够理解衔接词进而理解文字各部分之间的意义关系。

（11）能够把握细节与主题。

（12）具备基本的推理技巧。

（四）阅读教学的原则

在大学英语阅读教学中，虽然各大院校的学生不同，所教授的教学内容与教学方法也存在差异，但是教学原则是共同和基本要遵守的。具体而言，主要包含以下几点原则。

1．多样性原则

当代大学英语阅读教学需要坚持多样性原则，其主要指的是教学内容的多样性与教学形式的多样性。

在教学内容上，教师所选择的阅读材料应包含各种体裁、题材，不能仅仅限制于一种，从而使学生能够熟知和了解多种体裁与题材，在以后的阅读中提高阅读效率。

在教学形式上，教师要从实际情况出发，运用多种教学手段来进行教学，可以借助网络、多媒体等手段，让学生更直观、深刻地了解阅读材料。

2．关联性原则

阅读教学往往是围绕阅读材料展开的，但是很多学生对材料的作者、材料背后的相关信息并不了解。因此，在大学英语阅读教学中，教师应该帮助学生激活与材料相关的图式、话题、作者信息等背景知识，这就是所谓的关联性原则。

但是需要指出的是，关联性原则并不是要求教师在阅读课堂上大肆地讲授背景知识，而占用教授阅读材料本身的时间，而是将这些背景知识融入阅读材料中，适度地讲授。

此外，选择的背景知识也需要与材料主题相关，保证二者的关联性。

3．因材施教原则

学生的个性存在着明显的差异，这就要求在当前的大学英语阅读教学中，教师应该从学生的个体差异性出发，制订符合不同学生的教学内容和计划，以满足不同学生的需求，使得每一位学生的阅读水平都能得到长足的发展。

也就是说，对于阅读水平和阅读理解能力较低的学生，教师应该给予一些相对简单的阅读材料，然后当学生的水平有所提升之后逐渐增加难度，这样有助于帮助学生提升自己学习阅读的兴趣和积极性。

对于阅读水平和阅读理解能力较高的学生，教师应该提供一些难度较高的阅读材料，使他们觉得富有挑战性，从而满足这些学生的需要。

综合来说，教师应该对不同学生的基本情况与个性有基本的了解和把握，在阅读教学中选择恰当的内容和手段展开教学，做到因材施教。

4．循序渐进原则

很多人认为，阅读能力是非常容易培养的，其实不然，阅读能力是一项非常复杂的技能。因为阅读能力的提高需要学生培养自己的词汇量、语法知识、句法知识、文化知识等，因此不是一蹴而就的。这就要求教师在大学英语阅读教学中应坚持循序渐进的原则。

坚持循序渐进的原则，教师首先需要进行一个合理并且长远的规划。在阅读教材的选择、方法的确定、内容的明确、结果的反馈等层面都要进行规划，一步步展开，帮助学生不断培养自身的阅读技巧，提升自身的阅读水平。

5．速度调节原则

在阅读中，很多学生存在这样一种认识：阅读速度与阅读能力成正比，这是错误的且不可取的。阅读速度与阅读能力并不是成正比的，阅读速度快并不代表其阅读能力不足，而阅读速度快也并不能说明其阅读能力强。因此，在当代大学英语阅读教学中，教师应根据教学目的、教学阶段来调整学生的阅读速度，保证教学中张弛有度，具体可以从以下两点做起。

（1）在课堂教学开始前，教师应该放缓教学速度，让学生先慢慢地了解阅读材料。

（2）随着学生知识的增进，学生的语感能力有了明显的提高，教师可以让学生提升一定的阅读速度，如进行限时阅读等。

需要指出的是，教师不应该仅仅为了追求课堂速度而忽视学生的理解能力，应该在保证学生能够理解的基础上适度地提升速度。

二、阅读教学中的思辨能力培养

一个较为常见的现象是，很多学生在进行英语阅读的过程中往往找不到方法或者不得要领，并由此产生费时低效的现象。究其原因，学生受到阅读兴趣不足、阅读材料不适合以及文化背景欠缺等因素的影响而出现思辨能力欠缺的问题，他们难以对文章中的信息进行准确把握与灵活运用就不足为怪了。因此，教师应将思辨能力的培养作为阅读教学的首要任务，并在教学实践中充分发挥网络多媒体教学法与文化教学法的优势。

（一）网络多媒体教学法

在大学英语阅读教学过程中采取网络多媒体教学法，可充分利用现代教育技术来提升学生的阅读兴趣和思辨能力。具体来说，教师可以从如下几点做起。

1．发挥网络互动优势，激发学生的学习兴趣

网络多媒体为大学英语阅读教学提供了一个广泛的互动平台，让学生广泛参与其中。通过网络多媒体提供的空间，教师和学生可以上传学习资料，实现资源的共享。在具体的教学中，教师需要根据教材来建设一个网络阅读资料库，将教材中的重难点置于网络上，并且补充一些课外知识，以帮助学生理解和掌握。

另外，为了避免学生感到乏味，教师应该将网络多媒体的优势发挥出来。也就是说，教师应在学习资料中添加一些图片、漫画、视频等，在字体、排版上也凸显一些特殊的地方，让学生一目了然，并且能够吸引学生的注意力。

2．科学合理地选择阅读材料

英语阅读本身属于一门训练技巧的课程，学生需要通过大量的阅读练习来掌握技巧。因此，科学合理地选择阅读材料是最为关键的部分。在网络多媒体环境下，材料内容需要与课堂贴近而成为课堂内容的一环。首先，在阅读课堂教学开始前，教师应该让学生提前搜索一些阅读材料，培养学生网上查询资料、获取信息的能力；其次，教师对学生寻找的资料进行仔细阅览，并将这些资料介绍给学生，要求学生以小组的形式进行交流；最后，教师要求学生做总结报告，教师根据学生的报告给予一些口头的评价。

3．积极地开展课后拓展阅读

在课堂阅读的基础上，教师应该积极地开展课后拓展阅读，并着重于学生阅读与动笔练习的结合。通过长期的训练，学生在阅读中能够快速集中注意力。教师在引导过程中，可以根据教材各个单元的内容来开展活动，如可以要求学生从自身感兴趣的话题搜索，整理并作书面报告及进行演讲比赛等。

（二）文化教学法

语言与文化具有十分密切的联系。高校学生在英语阅读中所表现出来的思辨能力较差的问题，在很大程度上是由于文化背景的欠缺所造成的。因此，教师可采取文化教学法，通过多种手段来深化学生对英语文化背景的感受与理解。

1．强化文化意识

为强化学生的文化意识，教师首先应充分重视文化传播在阅读教学中的重要性。具体来说，应意识到阅读不仅是对各式各样的文字表达的理解，同时还传播着十分浓重的文化因素。如果没有在思想层面树立传播文化的重要性，或者忽略文化知识的客观存在，就极易导致理解层面的差异。因此，这就需要英语教师在阅读教学实践中强化阅读教学中的文化传播意识，摒弃传统并以基础知识为主导的教学指导思想，并在课堂教学中重视文化知识的教学。

2．开发文化载体

就目前的情况来看，大学英语阅读教材的更新速度并不是非常快，甚至有时还会出现一些过时、学生不感兴趣的阅读材料和话题，遇到这种情况，就需要教师在阅读教学的过程中，对课本中的阅读素材进行仔细筛选，挑选出一些难易适中的阅读材料，或者就里面的一些学生感兴趣的文化载体让学生欣赏和学习，或者也可以对有意义、价值的文化载体进行开发，使学生所阅读到的材料能够与时代接轨，并富有时代气息，这样也有利于更好地吸引学生进行阅读。例如，很多单元都提到给笔友写信，并要求学生对自己的笔友进行介绍或回复信函。但是，目前几乎不再流行笔友而是网友，此时为了顺应时代发展的大形势，就应将话题转换为net friend，这样就非常方便学生基于这一话题展开想象和深入的讨论。

3．文化导入

在大学英语阅读教学中，还可以通过增加文化导入的方法进行文化传播，借此来强化学生的文化敏感度。英语课堂教学是帮助学生掌握英语文化的一个重要途径，为此教师应该做好充分的课前准备。例如，课前备课时，教师要找出本节教学内容中所包含的文化背景知识，然后根据教学经验判断学生对该内容是否了解。如果觉得学生对该部分知识不熟悉，教师就有必要提前搜集相关资料，然后在课堂上先给学生系统介绍文化背景，如文章中有时会出现西方社会中高校生勤工俭学，或者毕业后靠自己的努力找工作等故事，这时教师就应该首先向学生解释一下西方人，尤其是美国人的独立精神。类似这样的解释能让学生在了解相关文化的同时更容易理解文章。

4．文化解答

在传统意义上的阅读教学中，教师通常将着眼点放在难点和知识跨度问题的处理等方面，并采用自上而下的阅读教学法。也就是先对阅读中的纯语法问题和句法问题进行归结，然后让学生自行阅读。其实，这种阅读教学方法未必可取，阅读材料经常包括一些文化、文学、政治、经济等领域的相关知识和内容，不仅知识面广阔，而且还涉及多种多样的文化现象。因此，在高校阅读教学中，英语教师要想更好地帮助学生打破文化差异这一瓶颈并进行文化传播，让学生更好地理解所要呈现的内容和表达的思想，采取科学、可行的文化传播方法就非常必要和迫切。其中进行文化解答就是一种非常有效的方法。

例如，在一则阅读语篇中如果出现了as timid as a hare这一表达，很多学生可能会疑惑“胆小如鼠”为何不用mouse来表示“鼠”而是用hare，此时英语教师就可以从中西文化差异的角度进行解答，告诉学生这是一种常见的文化现象，在不同的文化背景下，动物词汇所承载的文化内涵也往往存在着很大的不同。此外，教师还可以对一些类似的文化现象的实例进行列举，以加深学生对这些文化现象的记忆和理解。

第四节　基于大学英语翻译教学中的思辨能力培养

翻译是不同语言信息之间的转换。因此，译者不仅要能正确理解原文，还应对译语能够熟练自如的运用。更重要的是，译者应对文化差异进行适当的分析，并具备综合的学科知识，这样才能切实保障译文的质量。所以，大学英语翻译教学必须与思辨能力的培养同步进行，才能切实保障教学效果。

一、大学英语翻译教学

翻译就是将一种语言所表达的含义用另一种语言表达出来。由于语言与文化之间的密切联系，翻译还常常受到文化背景的影响。因此，大学英语翻译教学的开展应从语言与文化两个层面入手，这样才能使翻译活动发挥信息交流的作用。

（一）翻译教学的意义

概括来说，翻译教学的意义主要体现在以下几个方面。

1．有利于巩固和加强学生的翻译能力

翻译能力包括知识和能力两部分。具有丰富的翻译知识是学生进行翻译工作的前提和基础。事实上，翻译可以称得上是一门跨领域的综合性学科，英语翻译不仅涉及英语文化的相关理论知识，还涉及社会学、哲学、语言学、心理学、交际学、认知学等相关领域。学生的翻译能力体现在两点：一是能够实现相对的、有条件的对等翻译；二是在语义信息与文体信息二者不能求全时，能够保证内容传递的准确性。因此，学生既要熟知本专业领域的知识，又要涉猎广泛，对其他专业领域有所了解和见地；既要熟知本民族语言的丰富文化，又不能对其他民族文化感到陌生，如此才能提高译作的质量。而英语翻译教学的最终目的就是培养可以翻译出优秀译作的高质量翻译人才。

2．有利于提高学生的英汉语言修养

学生驾驭双语的能力和水平是高质量译作的保证。学生既要熟悉源语，又要懂得译语，要在深入理解源语，挖掘出语言文字背后的含义的基础上充分发挥主观能动性，主动地、创造性地对原作进行传达和阐释。正如玛丽·斯内尔-霍恩比（Mary Snell-Hornby，1998）所说："文本是译者以受众的身份理解作者的意图，并将这些意图再创造地传达给另一文化的受众群的语言表现。"

3．有利于增加学生的文化能力

在大学英语翻译教学中，教师除了进行单纯的翻译教学之外，还会注重扩大学生的文化视野，教师不仅会介绍外国文化，还会将外国文化与中国文化进行对比，在对比中让学生明白中外文化的差异所在，从而提高学生的文化识别能力。文化识别能力不仅包括对源语文化的深刻理解和对译语文化的准确掌握，更重要的是要能够使两种语言之间的人们成功、无障碍地沟通和交流。例如：

我现在是和尚打伞，无法无天。

I am a solitary monk walking in the rain with a tattered umbrella.

原文是毛泽东主席在一次回答美国记者斯诺提问的回答，他用了一句中国的歇后语"和尚打伞——无法无天"来戏说自己。译者显然没有理解毛主席的意思，将其理解成了"孤独的和尚在雨中打着一把破旧的雨伞"，令人啼笑皆非。由此可以看出，学生的文化识别能力有时甚至能够影响交流活动的成败，成功的翻译是离不开对文化信息的恰当处理的，而学生也应成为一个"真正意义上的文化人"。

（二）翻译教学的现状

与听力、口语、阅读、写作等方面的教学相比较，我国高校的英语翻译教学相对薄弱，主要体现在以下两个方面。

1．教学方法不科学

由于授课教师对翻译体系研究得不够深入和全面，很多大学英语教师在教授翻译课时使用的教学方法是很不科学的。在传统教学模式的影响下，很多教师教授翻译的过程为"为学生布置翻译实践任务—学生翻译并提交—教师批改学生的译文—挑出其中的错误并进行讲评—安排翻译实践练习"。这种不科学的教学方法不仅费时费力，而且还得不到满意的教学效果，学生一直处于被动接受的地位，根本无法养成科学、合理的学习习惯，自然更无法提高自己的翻译能力。

此外，在教学过程中教师不会给学生系统讲解翻译理论知识，更没有安排学生全面学习翻译的各种技巧，在教授时往往针对翻译材料中的重点词语、句型进行讲解，将翻译课上成了词汇和语法课。在学生做完翻译任务后教师就直接告诉学生任务的答案，并不给他们仔细分析自己的译文与答案之间的区别与差距，从而影响了学生翻译能力的提升。

2. 师资力量薄弱

我国很多高校中的英语教师并非是翻译专业的科班出身，他们在学校学习的往往都是综合类英语内容，对英语翻译的知识、理论、技巧等方面了解得也并不透彻，因而在开展翻译教学工作时会显得力不从心。另外，还有一个十分重要的原因是教授翻译科目的英语教师自毕业后就进入学校教学，没有社会生活经历的体验，更没有从事过实际的翻译工作，这在一定程度上导致这些教师与社会的发展存在一定脱节现象。在这种情况下，大多数学生对于翻译学习并不能抓住核心和要点，教师对于翻译方面的内容也是看课堂时间充裕与否，由此使得学生并不能完全掌握系统的翻译理论知识及参与大量的翻译实践活动。

（三）翻译教学的内容

一般来说，大学英语翻译教学的内容主要涉及以下三个方面。

1. 英汉语言对比

高校教师应从语义、词法、句法、文体、篇章以及思维、文化等层面为学生讲解英汉语言的区别。这部分内容可以较为完整地揭示英汉两种语言的异同，对于保障翻译质量大有裨益。

2. 翻译基础理论

翻译工具书的类别与运用方法、翻译的过程、翻译的标准、翻译对译者素质的要求、翻译理论、翻译历史等翻译理论知识是英语翻译教学的重要内容，有利于学生建立翻译的基本框架，树立对翻译的基本认识。

3. 常用的翻译技巧

一名合格的译员不仅应具备一定的翻译知识，还应掌握一定的翻译技巧，这对于提升翻译效率具有重要意义。因此，音译法、意译法、直译法、正译法、反译法、增译法、省译法、归化法、异化法等翻译技巧应成为英语翻译教学的重要组成部分。此外，在适当的时候，教师还可以为学生补充词性的改变、句子语用功能的再现等内容。

（四）翻译教学的原则

为了有计划、有目的、有层次地进行大学英语翻译教学，教师应该在教学目标的基础上遵循一定的教学原则。只有在这些原则的指导下，才能实现翻译教学的有效性。

1．渐进性原则

大学英语翻译教学应遵循由浅入深、遵循渐进的原则。在教学实践中教师在选择语篇练习时应由易到难。就篇章的内容而言，首先应选择学生最熟悉的内容；就题材而言，应从学生最了解的题材开始；就原文语言而言，应从最浅显的开始，逐步过渡到难度较高的语言。教学活动只有由浅入深、一步一个脚印，才能不断提高学生学习的信心，逐渐培养学生学习的兴趣，从而促进学生综合能力的提高。

2．实践性原则

翻译教学还应遵循实践性原则。教师可以在条件允许的情况下，尽可能多地给学生提供翻译实践的机会，如到翻译公司进行真实情境的翻译实践，使学生切实体验实际的翻译过程，了解社会实际的需要。这不仅可以激发学生的学习动机，提高学生学习的积极性与自主性，还能为学生走向社会、适应社会提供知识方面的准备，使学生更快地融入社会。

3．精讲多练原则

高校阶段的翻译教学主要是技能教学，即教师传授技能与学生掌握技能。如果采用传统的教学模式，先灌输后练习，就让学生感觉翻译教学枯燥乏味，不利于教学目标的实现。因此，在翻译教学过程中，教师应注重将技能的讲解与学生的练习紧密地结合在一起，同时要以练习为基础加以总结。

在练习之前，教师可以先介绍一些翻译技巧，再让学生做翻译练习。在练习结束之后，教师还应对学生的练习进行讲评。教师在讲评时不应只是直接将参考译文呈现给学生，而应通过对学生在翻译过程中出现的问题进行分析，引导他们进行思考、总结，培养他们举一反三的能力。此外，还可以通过对原文材料进行系统的分析，归纳练习中的知识点，总结问题，从而上升为理论。只有这样，学生才能真正掌握翻译技能。

学生翻译技能的提高是在实践中经过长期的积累不断实现的。学生只有进行大量的练习，在练习过程中去感受、思考、积极寻找解决问题的方法，进而将自己思考的结果与已有的感性经验上升为理论。只有经过反复的实践、思考、总结，学生分析、解决问题的能力才能逐渐提高，翻译能力也会相应地提高。这就要求教师应对学生翻译过程进行关注，帮助、启发、训练并鼓励学生解决在翻译过程中遇到的各种问题。这对学生自主学习能力、创新能力的培养具有积极的促进作用，同时为今后的翻译实践奠定了基础。

4．速度与质量相结合原则

大学英语翻译教学的目标是培养学生的翻译能力，既要求学生掌握相关的翻译技巧，同时又要求学生提高翻译速度。在实际的翻译活动中，经常出现催稿很急的情况，如果学生的翻译速度太慢，就可能会影响翻译任务的完成。由此可见，提高学生的翻译速度也应是翻译教学中的一项重要内容。

在翻译教学实践中，教师在课堂教学中应要求学生限时完成翻译练习。除此之外，学生在做课后练习时，教师最好也要求学生在一个规定的时间中完成。长此以往，学生就会学会合理地安排时间，培养速度意识，不断提高翻译的速度。

5．培养翻译能力与翻译批评能力相结合原则

翻译教学除了要培养学生的翻译能力，还不能忽视培养学生的翻译批评能力。翻译批评能力指的是对其他人的译作进行客观评价的能力，既要评价译作的优点，也要指出其中的缺点，对错误之处进行修正。教师应不断引导学生学会对其他人的译作进行评价、批评，这样可以使学生学习他人的优点，并进行自我反思，在以后的翻译中避免出现他人犯过的错误，从而不断提高学生的翻译水平。

二、翻译教学中的思辨能力培养

尤金A·奈达在《语言文化与翻译》一书中总结出译者首要的条件是：（1）必须熟悉源语；（2）译者必须精通译语；（3）必须充分了解所译题材；（4）译者必须具备“移情”本领，即能体会原作者的意图；（5）必须具备语言表达的才华和丰富的文学想象力。可见，没有一定的思辨能力，翻译活动就难以顺利进行。在具体的教学实践中，教师可通过网络多媒体教学法和译文比较法来帮助学生提高思辨能力。

（一）网络多媒体教学法

在翻译过程中，无论是对原文的理解与分析还是对译文的审核，都对思辨能力提出了较高要求。借助于网络多媒体的帮助，有助于培养学生的英汉双语翻译能力，从而获得最佳的学习效果。

1．制作教学课件，建立翻译素材库

网络多媒体课件是一种新的模式，它的制作光靠个别教师很难完成，而且教师自身的知识结构、时间资源等也都是非常有限的。因此，新模式更强调资源共享、集体备课。

制作教学课件，建立翻译素材库，教师需要注意如下几点。

（1）在翻译教学建设上，要及时补充，更新翻译素材库。从具体的、大量的教学实践中归纳出理论，然后将这些理论上升为理性认识，反过来对实践进行指导。翻译素材要与时势相符，其是对当代社会各个层面的反映，其难度要体现层次性。教师也要发挥主观能动作用，不断地扩充素材库。

（2）在翻译教学方法上，应该课堂与课外相结合。传统的翻译教学模式往往教师讲得比较多，学生练习的机会少，学生是被动的，这就导致学生很难有兴趣去了解翻译技巧，所以课堂内外的讲练结合是十分必要的。在练习的基础上，教师给予一些指导性的意见，引导学生归纳自己的翻译技巧和方法。

（3）在翻译教学内容上，教师除了注重精讲，还需要注意多练。翻译毕竟属于大学英语教学的一部分，因此不可能占据过多的课时。这就要求教师应该从教学大纲出发，通过集体讨论对精讲的翻译理论和技巧为教师提供一个框架。同时，教师要根据自己的情况进行局部的更改和发挥。另外，在具体的实践中，教师设计的翻译练习要保证题材、体裁多样，难度要适中，并能够做到及时调整和更新。

2．扩大课堂信息量，克服课堂教学的局限性

如果仅仅依靠课堂教学，那么课时必然是有限的，因此需要利用校园网来扩大课堂信息量，从而克服课堂教学的某些弊端。在具体的教学中，教师应以学生为中心，以网络多媒体为手段，降低学生的焦躁情绪，缓解学生的紧张情绪。同时，为了弥补课时的不足，教师可以将课堂上未叙述详细的翻译模块放在网络上，让学生自主进行选择学习。

此外，教师需要有计划性地增大难度，加强学生对跨文化交际、英美文化的了解，开拓学生的眼界。高校学生通过校园网阅读中英文文章，自行进行翻译，与优秀译文进行对比并探讨，最终仿照原文写作形式来提高自己的翻译水平。

在练习的过程中，学生可以从自己的专业和兴趣出发。如果学生学的是医学专业，那么他们可以选择医学材料进行翻译练习；如果学生学的是旅游专业，那么他们可以选择旅游材料进行翻译练习。

3．展开翻译课堂教学，增加英语习得

各大高等院校可以直接使用与教材相配的多媒体教学光盘，但是由于各大高校的设备资源情况不同，且配套的光盘大多是缺乏系统性的翻译教学内容，因此教师需要根据不同的情况来制作多媒体课件。也就是说，多媒体课件的制作需要建立在教学过程、教学目标、教材内容、教学媒体的基础上，坚持互动性原则，以提升学生的自主学习能力，确保不同层次的学生在翻译能力上都能够得到训练和提高。

据此，在开展翻译课堂教学之前，教师设计的翻译教学模块需要利用声音、图片、动画等刺激学生的大脑，使学生之前难理解的翻译理论变得更为生动、有趣。在具体的翻译课堂教学中，教师既要对英汉互译的技巧进行分析和总结，还需要补充相应的中西方文化知识，使学生能够对翻译的基本常识得以系统掌握。

需要注意的是，这样的教学模式还是按照译例分析—课堂翻译—课后练习的方式，但是其内容、形式和传统的翻译教学大不相同。

（1）形式上的不同。即形式不再是单调的板书形式，而是以媒体形式呈现，不仅节省了时间，还便于进行分级教学。

（2）内容上的不同。即内容是针对不同层次的学生展开的，在课堂上由教师指导和学生自主选择，这样有利于改善课堂教学的氛围。

（二）译文分析法

翻译过程中不可避免会遇到不同的文体。文体不同，语言特点就不同。相应地，应采取的翻译方法也就不同。因此，教师应在翻译教学过程中带领学生进行译文分析，使学生了解不同文体的翻译特征，从而提升学生对原文与译文的思辨能力，提高翻译效率与译文质量。下面以新闻文体为例来进行说明。

首先，教师可向学生讲解新闻文体的基本翻译原则。

（1）客观原则。“客观性”（objectivity）是新闻的一条基本规律，它是新闻的灵魂所在。但是中外新闻界对新闻客观性的看法并未达成共识，这是因为新闻受到来源国的文化、价值观、意识形态等的影响，新闻媒体都会维护本国的文化、价值观、意识形态等，所以要做到客观地报道新闻事件确非易事，不公正的、歪曲的报道时常发生。在翻译新闻时必须谨慎处理，不能死板地按照原文的意思将原文文本转换成目的语文本，对公正、客观的报道应当忠实地翻译，但对蓄意歪曲的报道一般不宜全译，必要时用评述性语言给予提示，否则歪曲事实一方会误以为目的语国对歪曲的内容默默接受，也会误导目的语受众。

（2）可接受原则。让受众能够清楚明白地理解新闻所提供的信息，是新闻翻译最基本的要求。因此，译者要考虑怎样才能使译文为受众所接受。由于新闻的目的是简洁明了地向受众传递信息，以受众为中心，所以新闻译者在客观的基础上，可以进行必要的词句加工、添加内容、解释等，做到翻译和解释并举。例如：

吃大锅饭get an equal share regardless of the work done.

上述例子若按字面意思直译成eat rice from the same big pot，恐怕会使外国人感到非常困惑。本译文能够让外国人更好地理解原文的短语。

（3）准确原则。新闻具有客观性，所以在翻译新闻时也应确保译文的准确性。新闻语言如果不准确，一方面给受众带来误导，另一方面还会发生常识性错误甚至是政治思想性错误。因为语义是由语境决定的，所以要联系上下文来翻译。时政英语文体翻译对译文准确性的要求更高，这是因为政治文章涉及国家大政方针、基本政策等一些敏感性话题，稍不留意就可能产生严重后果。当然这就要求在翻译之前要清晰地理解原文，因为理解是表达的前提，只有透彻理解才能准确表达。在翻译时政新闻过程中，不得任意增删。

对翻译原则的讲解有利于学生树立对新闻文体翻译的基本框架，然后教师可带领学生进行译文分析。例如：

Ugly Duckling N-Ship at Last Gets Happy Home.

丑小鸭核动力船终于找到安乐窝。

上述例子中的“丑小鸭”是安徒生童话中的角色，他在经受一番磨砺和曲折后终于收获了幸福。在这个标题中，无论是ugly duck（丑小鸭）还是happy home（安乐窝），都采用直译法，言简意赅，主题鲜明。再如：

Looking Back to Look Ahead.

回首往昔，展望未来。

在本例中，如果完全直译为“为了展望未来而回首往昔”，效果就会大打折扣。本例是采用直译和意译相结合的翻译方法，译文自然流畅、工整对仗。

通过译文分析，学生不仅可以更好地体会翻译方法在具体文体中的运用，还能提高翻译思辨能力，提升译文的质量。

第五节　基于大学英语写作教学中的思辨能力培养

写作是一项由思维转化为文字的复杂活动，不仅需要写作者能够熟练使用语言，而且要求写作者熟悉写作题材、体裁以及行文特点。可见，思辨能力的欠缺将成为英语写作的一大障碍，大学英语写作教学要想达到既定的目标，就必须与思辨能力的培养有机结合在一起。

一、大学英语写作教学

写作是文字发展到一定阶段后成熟的、系统性的表达。作为人际交往的重要工具和传递信息的主要手段，写作早已在人们生活的各个领域发挥着重要且无可替代的作用。自写作诞生以来，人们对写作的研究就没有终止过，这就使大学英语写作教学的意义更加突出。

（一）写作教学的意义

写作教学是大学英语教学的有机组成部分，其意义主要体现在以下三个方面。

1．有助于促进学生的口语和阅读能力发展

在英语写作教学过程中，教师通过系统地引导学生进行默写、抄写等练习活动，不断提高写作的速度，再加上造句、作文练习，有利于学生养成合理用词的习惯。这些习惯用语口头练习对学生口语能力的提高很有帮助。在英语写作教学中，引导学生写作文与遣词造句是关键环节。笔头造句在逻辑与语法方面都较为严谨。学生可以自己对写作的时间与速度加以控制，因此他们可以对词句、段落或篇章进行不断调整、修正，以提高写作质量。经过大量的写作练习后，学生会更熟悉英语句子结构与篇章结构，对题目与内容之间的联系以及上下文之间的联系有更好的认识，这有助于学生写作能力的发展。

2．有助于提高学生的学习能力

写作既是一种使用英语的能力，也是一种学习英语的能力。在英语教学中开展写作教学，培养学生的英语写作能力，对学生学习能力的提高也十分有利。对于学生而言，要想确保牢记足够多的单词、句型，巩固课堂所学知识，除了记忆，还应注重写作。从心理学角度来看，写作是运动觉，其给人留下的记忆要强于听觉与视觉。写作的过程中会伴随着读与听的因素，所以写作可以说是一项综合性的记忆活动。在英语教学中，教师从一开始就注重写作教学，培养学生的写作能力，学生写得好，写得快，必然有利于学生提高学习效率。

3．有助于激发学生的学习兴趣

写作不仅可以使受众获得美的享受，也可以使自己获得美的享受。英语写作教学应引导学生以写为乐，消除学生提起写作就害怕的心理。在我国英语教学中，写作是练习、考试的重要形式，教师要充分利用写作的形式，使学生感受写作的乐趣，感受学习的乐趣，这样有利于激发学生的学习兴趣。

（二）写作教学的现状

一直以来，写作都是我国大学英语教学实践中的一个薄弱环节，无论教师还是学生都在心理上有不小的压力，以下就从教师与学生两个方面来展开分析。

1．教师方面

（1）教学目标缺乏系统性

写作能力的培养与提高不可能一蹴而就，而必须经过一个循序渐进的过程。因此，写作教学的目标也应体现出一定的阶段性与渐进性。然而就目前的英语教学目标来看，总体目标与阶段性目标之间的脱节与不协调状况较为严重。

具体来说，总体目标是在英语教学大纲等文件中予以明确规定的总体任务，总体目标常常与英语写作教学的客观规律以及学生的心理、生理特征相一致。阶段性目标则是英语写作教学在具体的年级、学期中的具体目标与要求，它是以写作教学的总体目标为标准来制定的。可见，总体目标与阶段性目标环环相扣，它们的根本目标是一致的，只有二者有机结合才能保障英语写作教学的顺利进行，并取得满意的教学效果。然而，目前的很多阶段性目标都是脱离总体目标而独立实施的，这样会不可避免影响写作教学的整体质量。

（2）课程设置缺乏合理性

尽管英语写作教学的重要性已得到提升，但整体的课程设置仍存在一些不合理之处。例如，专门的英语写作课程在很多学校都没有开设，这就使写作教学常常不得不面临课时紧张的困境。再如，英语教学通常都按照讲解词汇、讲解课文、组织听力练习、组织阅读练习、完成课后练习等顺序来展开，教师在完成这些环节之后，很少有时间进行写作教学，这也在无形之中将写作课变为可有可无的教学环节。

（3）批改方法缺乏有效性

很多英语教师对学生习作的批改方法仍停留在过去。具体来说，他们更多地将一些基础的语言使用规范，如语法错误、词汇用法错误、拼写错误等作为重点，却较少进行内在逻辑、框架结构、文章主旨等层面的分析。其直接结果就是，学生误以为只要保证标点、拼写、语法方面的正确性，就可以写出好的文章，因而，很少从内容、结构等方面进行反思，这样也很难将自己的写作能力提升至一个新的高度。

2．学生方面

（1）肆意套用作文结构

可以毫不夸张地说，写作题在很多英语考试中都是分值最大的一道题目。为了在这道大题中得到满意的成绩，很多学生都会从一些参考书中寻找方法，这些方法大都是一些为应对作文题目要求而创设的框架或模板，学生只要将框架与题目对应起来，再将相应的内容放入即可。这些框架具有一定的积极意义，如可以节省构思时间等。但是，这些框架的弊端也是显而易见的，它们只是一种应对考试的工具，对学生写作能力的提升并没有实质性的帮助。正因为如此，很多学生虽然套用了框架，但由于写作基础不扎实而难以理解框架中的连接词、组织结构，因而常出现虎头蛇尾、衔接不自然、误用连接词等问题。

（2）中式英语现象严重

语言与思维、文化等都有紧密联系，并在很大程度上受到这些因素的影响。中国学生由于长期在汉语语言环境下生活，母语思维不可避免会对他们的英语学习产生影响，且很多都属于消极影响，“中式英语”就是一个最典型的现象。具体来说，英语语言中的词汇在结构、用法、含义、搭配等方面都存在诸多不同，学生在写作过程中如果难以找到准确的对应词，常常利用汉语思维和已有的英语构词知识想当然地生造出一些词汇，从而带来词不达意的后果。例如，用sky girl或air girl来表示“空姐”，用hand heart来表示“手心”。再如：

He put all of hope on me.

不难发现，“他把所有的希望都寄托在了我身上”是作者想表达的本义，但其使用的表达方式与英语习惯大相径庭，会令外国人不知所云。应修改如下：

He places all his hope on me.

（三）写作教学的内容

一般来说，拼写与符号、选词、句式以及结构等都是大学英语写作教学的主要内容。

1. 拼写与符号

如果缺少规范的拼写与符号，句子的含义就难以表达，文章的内在逻辑关系也难以体现出来，这样就在无形之中增加了受众的阅读难度。可见，拼写与符号是英语写作教学中不可或缺的重要内容。

具体来说，学生首先应保证拼写和符号的正确性，以避免引起不必要的阅读障碍。在保证正确性的基础上，学生应努力使拼写与符号规范、美观，易于辨认。虽然这些都属于细节问题，却对写作有着重要的影响作用。

2. 选词

在不同的文化背景下，词汇有着不同的意义。此外，词汇的含义还有表层和深层、基本义与引申义之分。因此，如果缺乏对词汇含义的准确了解，就很难在写作过程中依据表达需要来选择适当的词汇，这将对写作效果带来消极影响。

词汇的选取既是作者与受众进行交流的一种方式，也是作者写作风格的体现，且常常取决于作者的个人喜好。所以，在进行词汇选择时一般要考虑语域的影响，如非正式词与正式词、概括词与具体词等。此外，还应注意感情色彩的因素，如褒义词与贬义词的选择。

3．句式

句式对于写作来讲非常关键，因为语篇就是由一个个词与一个个句子通过一定的组合而构成的。英语句法结构丰富而多变，对句式的掌握与运用是进行英语写作的利器，这就使句式成为英语写作教学的重要环节。

为提升学生习作的可读性，教师可通过句式练习来帮助学生掌握对句式的运用。具体来说，教师可为学生进行“示范”，从而让他们体会句式的表达效果。此外，教师还可组织进行“讨论”，使学生在讨论中相互交流，深化对英语句式的认识。

4．结构

好的文章应在布局谋篇上实现语句与文体、主题、题材的统一。从结构上来看，还应达到结构完整统一、语句和谐连贯的效果。

（1）谋篇布局

所谓谋篇布局，就是根据不同的题材、体裁来确定篇章以及段落的整体结构，并据此选择恰当的扩展模式，保证写作顺利开展。在写作之前首先要谋篇布局，谋篇布局作为写作的起点，对写作具有至关重要的作用。

具体来说，段落的大体结构是“主题句—扩展句—结论句”，篇章的大体结构是“引段—支撑段—结论段”。需要注意的是，谋篇布局并不是固定不变的，当题材和体裁不同时，文章的谋篇布局也会随之变化。

（2）完整统一

一篇好的文章应具有清晰的逻辑与有条理的表达层次。因此，评价一篇文章优劣的重要标准之一就是看该文章是否完整统一。

所谓完整统一，是指文章中所有的细节，如事实、原因、例子等都要围绕主题陈述和展开，所有的信息都要与主题相关，而所有脱离主题的信息都要删除，以保持文章段落的完整性。

（3）和谐连贯

和谐连贯是一篇好文章的必备条件，所以教师应对逻辑性与连贯性给予充分重视。在具体的写作教学过程中，教师应引导学生对词汇与词汇之间、句子与句子之间、段落与段落之间的内在联系格外重视，从而使文章实现统一和谐、自然流畅的表达效果。

使用恰当的连接词和过渡词语是连贯统一的重要保障。例如：

表示比较的词语：similarly，equally，important，in the same way;

表示转折的词语：but，however，nevertheless，while，yet;

表示递进的词语：furthermore，once more，for another thing;

表示让步的词语：though，although，even if;

表示并列的词语：and，also，or，likewise。

（四）写作教学的原则

英语写作教学的原则源于写作教学实践，反过来又服务于写作教学实践，其具有普遍性、抽象性、可操作性。大学英语教师想要在写作教学过程中取得理想的教学效果，应该遵循这些教学原则。

1. 多样性原则

在写作教学过程中，教师应遵循多样化原则。

一方面，多样化原则指的是采取多种多样的训练形式。具体来说，教师可以引导学生采取扩写、缩写、改写、仿写、情景作文等练习，通过多种训练方式使学生掌握写作的技巧。

另一方面，多样化原则指教师引导学生在写作时采取多种多样的表达方式。多样化的表达既可以弥补学生在语言知识方面的不足，又可以提高学生灵活运用语言的能力。

2. 综合性原则

听、说、读、写四项基本技能相互影响，相互促进。写作并不只是单纯的“写”，而要与听、说、读紧密结合起来，只有这样，写作课堂才会更加生动，学生写作水平的提高才会更有效。因此，大学英语写作教学还应体现综合性原则。写作可以作为听、说和阅读的后续活动，也可以作为对听、说与阅读材料的应用。

3. 对比性原则

对比性原则要求教师在写作教学过程中应注意向学生讲授母语与英语之间各自的特点以及二者的差别，为写作奠定基础。有很多学生虽然具备了较好的中文写作能力，但在英语写作中用英语解码与编码的能力并不完善，容易将中文写作习惯机械地迁移到英语写作中去，这样写出的作文就有很明显的中式英语现象。因此，教师在教学实践中应善于对英汉两种语言与文化进行对比分析，引导学生了解这两种语言文化在构词、造句、谋篇以及思维方式等方面的差异，使学生在写作时使用地道的语言，采用英语思维，提高写作质量。

4. 主体性原则

大学英语写作教学首先要明确学生的主体地位，尊重学生的主体性，以学生为中心展开教学活动。只有激发了学生的兴趣，提高学生的学习主动性，学生才能真正成为学习的主体。其中，小组讨论就是一种提高学生主动性的有效方式。在小组讨论时，教师可以采取多种方式，如可采用提问法、也可以采用“卷入式”、让学生集体回答问题等，还可以采用学生互助的方式。因此，在写作教学过程中，教师应注意引导学生积极参与其中，发挥学生学习的自主性，不断提高写作能力。

这里需要提及的是，强调学生主体参与并不意味着学生可以独立写作，也不是教师对学生放任不管，而是注重学生在写作过程中教师可以参与写作的全过程中，包括提纲的拟定、资料的搜集、信息的处理、谋篇布局、初稿的修改与完善等。

二、写作教学中的思辨能力培养

写作并不是任意进行的，而是要遵循一定的步骤，同时要了解和掌握写作的要领，这样才能写出优秀的文章。因此，教师不仅要使学生熟悉写作的步骤、掌握写作的要领，还应提升他们的思辨能力，这样才能使他们写出的文章言之有物、论证有力、条理清晰、主题分明。

（一）网络多媒体教学法

在大学英语写作教学中，教师采取网络多媒体教学法有助于激发学生的写作欲望，让学生快速掌握写作模块，规范自己的写作语言，并提升自我思辨、自我审查的能力。

1．利用计算机文字处理程序辅助大学英语写作，代替原有写作形式

计算机文字处理程序具备对标点、拼写、大写、小写等进行检测的功能，因此为学生提供了十分有利的工具。“拼写与语法”功能能够使学生降低拼写错误，并可以查出一些简单文法上出现的错误；“编辑”功能使句子段落的连接、组织、转移等变得轻松，学生可以通过添加、剪切等手段来修改文章。另外，有的计算机文字处理程序还带有词典，因此学生可以迅速查询词的意义和用法。

总之，计算机文字处理程序的功能一定程度上减少了写作的重复劳动，节省了很多时间，因此学生能够集中更多精力在写作上，从而增强了他们对写作的兴趣和积极性。

2．利用E-mail辅助大学英语写作教学，加强师生间、生生间的交流

E-mail对于大学英语写作教学来说是一个十分有利的助手，其有助于加强师生间、生生间的交流。在写作过程中，学生将自己的稿件利用E-mail发给教师或同学，然后教师和其他同学对这篇文章进行修改，并提出意见，最后学生对自己的文章再重新进行整理。

另外，教师应鼓励学生找一些国外的学生进行E-mail的交流，使学生了解不同国家人们的生活、学习、旅游、家庭、毕业动向等情况，通过这些学生感兴趣的话题，帮助提升学生的写作热情，进而提升学生的写作水平。

3．倡导学生运用网络多媒体技术支持英文写作

网络多媒体技术的出现打破了时空的限制，实现了资源共享，是对英语教学资源的补充。将网络多媒体技术引入大学英语写作教学中，让学生上网搜索相关信息，进而对检索的信息进行分析和探讨，最终将自己的见解表达出来，完成写作。现代的高校学生都十分热爱上网，教师可以发挥指导作用，利用网络资源来增强学生进行英语写作的机会，激发学生的学习兴趣，教师也需要经常给予指导与监督，形成一种交流的氛围。

（二）读写结合法

众所周知，“读”是一种语言输入方式，而“写”是一种语言输出方式。“读”能够为“写”积累语言材料，不仅能够使学生知道写什么，还能使他们知道如何去写。就目前的情况来看，学生在英语写作过程中表现出许多思辨层面的问题看起来是语言表达层面的，但从本质上看则是由于阅读积累不足所造成的。因此，只有将阅读作为突破口，并将阅读与写作有机结合在一起，才能从根本上解决在写作中出现的问题。例如，教师安排学生进行请假条的写作练习（以Gloria的名义，请假理由为headache），学生很可能输入以下文字。

Dear Teacher,

I had a bad cold and a splitting headache. I have to go to see the doctor this morning. So I can’t go to class. Please excuse me for my absence from your English class today.

Gloria

英汉语言的表达逻辑存在一些较明显的差异。具体来说，西方国家的人常常开门见山地先将自己的观点或请求表达出来，然后再阐述具体的理由。与此不同的是，中国人在表达时喜欢铺垫，常常在讲中心内容之前先将理由逐一陈述，最后再得出结论。上述习作虽然没有语法错误，但明显与英语表达逻辑相悖。

学生之所以会写出上述习作，并不是因为学生的英语知识不够扎实，而是因为他们的阅读量没有达到可以对写作进行支持的程度。换句话说，如果学生在阅读的过程中接触过请假条，那么他们不仅可以体会请假条的常用表达方式，还可以将英语请假条的表达逻辑也一并接受。可见，教师可以引导学生阅读大量题材广泛、体裁各异的英语材料是多么重要。

具体到上例，教师可为学生提供若干与英语请假条相关的阅读材料，并将英汉两种语言在表达顺序方面的文化差异清清楚楚地教授给学生，从而使学生在充分理解二者区别的基础上进行修改。修改后的习作如下。

Dear Teacher,

Please excuse me for my absence you’re your English class today. I had a bad cold and a splitting headache. I have to go to see the doctor this morning. So I can’t go to class.

Gloria

不难发现，修改后的文章在用词上并无明显区别，但在表述顺序上却与英语文化十分吻合。

第六章　大学生思辨能力的评价

正如朗格（Lange）所说，评价与测试是英语教学组织的发动机。虽然评价与测试的设计往往要以教学为基础，但是教学往往会受到评价与测试的制约，即教学往往需要以评价与测试为导向。因此，跨文化视角下的大学英语也需要以评价与测试为基点来设计教学内容，只有这样才能优化教学过程和教学成果。在当前多元文化教育背景下，教学目标和教学内容都是围绕文化这一概念展开的，因此大学英语教学评价与测试也需要考虑文化因素，这一问题已经引起了当前很多学者的关注与重视。

第一节　大学英语教学评价

就整个教育而言，教学评价是重要的组成成分，是对教师的教学工作、学生的学习情况作出价值判断和衡量的过程，在教学过程中必不可少。

一、教学评价简述

教学评价的合理实施有助于教师掌握学生的学习进程，并根据学生的实际学习情况制订合理的教学计划，从而更有效地完成教学任务，最大限度地实现教学目标。

（一）教学评价的定义

要想了解教学评价，首先需要对评价有一个基本的了解。“评价”这一术语是由美国著名学者、教育家泰勒（Tyler）提出的。对于其定义，不同的学者有不同的观点。但从提出之日起，学者们就认为其与测试有着明显的区别，并且评价被认为是一种价值判断。在很多学者眼中，评价不仅仅是一种认知活动，更是认知活动中的一种特殊情况，因为它能够将整个世界的价值揭示出来，并且对这一价值进行创新和建构。将评价应用到教学中就成了教学评价，对于教学评价，国内外学者给出以下四种观点。

（1）教学评价等同于教学测验。

（2）教学评价等同于专业判断。

（3）教学评价是一种将实际表现与理想目标进行比较的历程。

（4）教学评价是一种系统性地去搜寻资料，以便帮助使用者恰当地选择可行的途径的历程。

上述四种观点对教学评价研究产生了一定的意义，但是其中有些观点是有失偏颇的。

教学评价与教学测验等同的观点，其主要源于当前的教学评价过程往往需要借助教学测验这一认识。但是，教学评价与教学测验事实上是存在本质上的区别的，因此将二者等同是存在片面性的。这有两个层面的原因。第一，教学测验倾向于数量的统计，因而注重具体教学事实的数量化，而那些不能做数量化处理的教学事实往往被排除在教学评价之外。然而，教学评价不仅包含数量分析，还包含确定事物性质，即实现主观评价与客观实际的结合。第二，教学测验倾向于描写教学现状，从而获取客观事实，而教学评价倾向于对教学情况进行判断和解释。

对于教学评价与专业判断等同的观点，其主要源于教学评价中确实包含评价人员的主观因素这一认识，认为教学评价的目的是分清优劣、明辨是非。但是，这一观点也存在片面性，因为教学评价不仅仅是分清优劣、明辨是非，更重要的是从众多的评价因素中找到适合的、具有指导性的评价因素，并作出选择。因此，教学评价与专业判断并不等同。

对于教学评价是一种将实际表现与理想目标进行比较的历程的说法，较前面两个观点来说具有一定的理性成分。持这一观点的学者认为，教学评价的基本方法和内容就是对现实与构想进行比较。事实上，这一观点只侧重于对教学效果（即已经完成的教学行为）的评价，而未包含对形成教学效果的过程的评价。另外，在评价的操作性上，这一说法使得教学评价的概念过于宽泛，导致评价者很难把握评价内容的主次。因此，这一说法也具有片面性，也是不可取的。

对于教学评价是一种系统性地去搜寻资料，以便帮助使用者恰当地选择可行的途径的历程的说法，其仍旧存在利弊。其优点在于强调了教学评价在作出决策层面的意义，但是却容易让人产生教学评价与教学研究等同的认识。事实上，教学评价与教学研究也存在着明显区别。第一，二者研讨的目的不同，教学研究是为了获得某种结论，目的在于揭示出教学的本质和客观性；教学评价是为了获得某种指导和决策的依据，目的在于指导人们下一步的行动和认识。第二，二者所侧重的价值不同，教学研究是为了获得真知；而教学评价是为了获取某种教学现象的价值。

很明显，上述四种观点都存在一些合理的成分，也存在一些明显的不可取性。笔者引用学者滕星的观点，并结合上述观点的合理成分，认为教学评价是以教学作为对象，从教学目的、教学规律、教学原则出发，利用可行的评价手段和技术，将教学现象和教学目标的关系揭示出来，并赋予价值上的判断，从而提供反馈信息指导下一步教学的过程。

（二）教学评价的内容

范晓玲在她的《教学评价论》一书中给予了这样一个观点，认为“教学评价包含三大要素：评价者、评价对象、评价过程”。这些要素不仅对评价结果起决定作用，对评价内容也起决定作用。基于这三大要素，笔者认为可以将教学评价的内容分为五个方面：教师评价、学生评价、课程评价、教学过程评价、教学管理评价。下面对这五个方面逐一进行说明。

1．**教师评价**

在教学过程中，教师占据着主导地位。教师素质的高低对教学效果、学生的健康成长等有着直接的影响。因此，对教师素质的评价就成了教学评价的基本内容之一。具体而言，对教师素质的评价主要包含如下几点。

（1）对教师工作素质的评价，包含教学质量、教学成果、教学研究、教学经验等。

（2）对教师能力素质的评价，包括独立进行教学活动的能力、独立完成教学工作量的能力等。

（3）对教师政治素质的评价，包含工作态度、遵纪守法、为人师表、教书育人、政治理论水平、参与民主管理、良好的文明行为、坚持四项基本原则等。

（4）对教师可持续发展素质的评价，包含教师发展的潜能、自觉求发展的能力、接受新方法与新理论的能力、本身的自学能力等。

2．**学生评价**

教学评价应该从教学目标出发，对学生的学习程度、学习现状进行考查。由于当前社会的迅猛发展，对人才素质的要求也在不断提高，因此对学生的评价不单单是学业评价，还有学力评价与品德、人格的评价，即由传统的单一化学生评价转化成学生的综合性素质评价。下面就对学生评价的这三大成分展开分析。

（1）学业评价。学业评价是最基本的、最传统的学生评价，是指从课程标准所规定的学习目标、学习内容出发，对学生的学习过程、学习成果进行评价。一般来说，学业评价的基础是测量，因为测量能够反映学生的学习过程和学习效果，从而对学生进行价值判断。

为了确保评价状况和评价结果的准确性，学业评价可以采用多种手段，如诊断性评价、形成性评价、安置性评价等，其适用的测量工具也有很多，如自我报告清单、预备性测验、成就性测验等。

但是，就当前的学业评价来说，其存在着许多矛盾和困惑，主要体现在评价理念和评价方法上。因此，为了提升学业评价的质量，应该对学业评价的四种模式有一个清晰的了解。

其一，目标模式。该模式将学业评价看成是学生学习结果与预期目标相比较的过程，强调课程目标的价值，即学业评价的目的是为课程决策服务的，因此通常会选用终结性评价。

其二，主体模式。该模式将学业评价看成是评价者与被评价者之间意义构建的过程，强调学生的主体价值，即学业评价的目的是为学生的自主发展服务，因此通常会选用参照评价。

其三，诊断模式。该模式将学业评价看成是诊断与改进教学和学习的过程，强调教学诊断的价值，即学业评价的目的在于改进教学服务，因此通常选用诊断性评价。

其四，过程模式。该模式将学业评价看成是评价学生的全部学习过程，强调教学过程的价值，即学业评价的目的是为学生的社会化发展服务，因此通常会选用过程性评价。

（2）学力评价。学力评价也是学生评价的一项重要层面，是指学生在学业上达到的程度，如学生所达到的知识水平、所获取的技能水平、所具备的学习潜力。

对学生进行学力评价的目的主要包含以下三点。

其一，了解学生的学习能力及个体差异。

其二，为实现教师的既定教育目标提供资料。

其三，为培养学生的综合能力服务。

可见，开展学力评价不仅对于教师的教、学生的学有重要作用，而且有助于学生进行元认知监控。一般来说，学力评价的手段有很多，如实验法、观察法、评定法等，最常用的手段就是智力测验与标准学力测验。

（3）品德与人格评价。除了学业评价、学力评价，学生的品德与人格也是学生评价的重要内容。在教学中，教师的责任不仅是传授知识，还需要对学生的品德与人格进行教育。因此，对品德与人格的评价也就成为学生评价的一部分。这一评价侧重于教学内容的思想性和科学性对学生品德与人格造成的影响。

3．课程评价

科学、有效、合理的课程设置有助于提高教与学的质量，因此对课程进行评价也必然是教学评价的重要部分。课程评价主要评价的是课程的价值与功能，但为了提升课程评价的质量，需要对以下三种评价模式有所了解。

（1）行为目标评价模式，是由学者泰勒（Taylor）提出的，该模式将确定目标作为中心来组织教学活动和评价。在泰勒看来，预定目标对教学活动起决定作用，教学评价就是对实际教学活动所达到的目标进行判定，进而通过信息反馈来改进教学，使其更接近于预定目标。

（2）决策导向评价模式，又可以称为“CIPP模式”，是由著名学者斯塔弗尔比姆（Stufflebeam）提出的。该模式以决策作为中心，是将背景—输入—过程—结果相结合的一种评价模式。在斯塔弗尔比姆看来，泰勒的行为目标模式也应该将目标本身作为评价对象。

（3）目标游离评价模式，又可以称为“无目标模式”，是由学者斯克里文（Scriven）在对行为目标模式进行批判的基础上提出的。在斯克里文看来，为了尽量降低评价中的主观影响，不能在方案制定和设计中将活动目的告诉评价者，使评价不受预定活动目标的影响。

4．教学过程评价

在当前的教育实践中，大多数教学评价都侧重于教学结果、学生的学习成绩，却忽视对学生在整个学习过程中整体的评价。基于此，学者们从形成性评价中延伸出了一种新的评价，即对教学过程的评价。一般来说，教学过程评价可以从两个层面分析：一是对教学过程的系统性评价；二是对教学过程各个环节的评价。

（1）对教学过程的系统性评价。教学过程的系统性评价是以某一课时、某一章节的教学目标和内容为单位，对课前学习、课堂教学、课后练习等一个完整的教学过程的系统性分析和整体性评价。也就是说，这一评价虽然将教学环节、教学活动等囊括在内，但是更强调教学过程的系统性与整体性。

（2）对教学过程各个环节的评价。教学过程各个环节的评价是对教学过程中的课前学习、课堂教学、课后练习、课外学习等各个环节进行观测和评价，目的在于引导教师对各个环节的教学活动都有一个精心的设计和把握，使各个环节的教学活动都更有意义。

5．教学管理评价

教学管理评价对于教学工作来说也有着重要意义，其为教学管理工作指明了方向。要想恰当、准确地对教学管理进行评价，首先就需要了解教学管理的概念。所谓教学管理，是指以教学的规律和特点为依据，对教学工作进行计划、组织、控制和监督的过程。而教学管理评价就是对这一过程和结果进行评价。通过教学管理评价，评价者可以发现教学管理中的问题，并及时对当前的教学管理工作进行改进。在进行教学管理评价时，需要明确两个层面的内容。

（1）评价的内容。教学管理评价包含对课堂教学的管理评价、对学校及下属单位教务管理的评价。

（2）评价的指标。教学管理评价的指标应该是科学的、合理的。一般来说，评价指标包含教学计划、教学规章、教学检查、教学实施、教务工作等。

（三）教学评价的特征

由于教学涉及多个因素、各种变量及相互关系使得教学变得更加复杂，因此为了认识其规律，在了解内涵、内容等的基础上，还需要了解其自身的特点。当然，作为一种特殊的教学现象，教学评价也不例外。下面就具体分析教学评价的特点。

1．以教师为指导

众所周知，教学评价是围绕学生进行的，评价的目的也是为了能够提高学生的学习效果，但是教学评价也离不开教师这一因素。这是因为，在教学评价中，教师具有很高的自主权，如确定评价内容、选择评价方式、处理反馈信息等，这些情况教师都可以自主决定。从很大程度上来讲，教学评价是在教师的指导和监督下进行的。

2．以学生为中心

如前所述，教学评价是通过教师和学生提供的反馈信息来观察学生的学习情况，了解学生某段时间或者某一学期的学习水平，从而使其在下一阶段的教学和学习中进行改进，不断促进学生的进步。从教学评价的目的上来看，整个评价都是围绕学生来进行的，体现了以学生为中心。因此，以学生为中心也是教学评价的特点之一。

3．具有选择性与特定性

教学评价实际上是一个选择的过程，在评价的过程中要对优劣进行区分，优秀的层面要鼓励，劣势的层面要研究，并进行改进。这样的优劣评定就是一种选择。此外，在评价方式上，教学评价也具有选择性，要根据具体的情况、具体的学生特点进行选择，避免导致评价失误。

教学评价针对的是具体的教师、学生与教学内容，对一个班级适用的教学评价并不一定适用于其他班级，对一种课程适用的教学评价并不一定适用于其他课程。这也就体现了教学评价的特定性。因此，应该根据课堂内容、学生特点等进行适合的教学评价。

4．具有统一性与连续性

在教学评价活动中，评价者与被评价者之间是统一的关系。首先，评价者与被评价者在目标上是统一的；其次，他们在教学活动过程中也是统一的。也就是说，我们不能将二者对立与区分开来，二者应该协同工作。

教学评价并不是一次性的、间断的，它具有连续性。这是因为，为了检测教学内容、方法等是否有效，教师往往在进行一次评价之后还会重复进行评价，有时候甚至是三、四次，形成一个“反馈链”。通过对多次评价的结果进行总结，进而调整教学，必然会提升教师的教学水平与学生的学习效率。此外，教学评价的连续性还体现在一系列连续的步骤上。一般来说，教学评价包含了以下七大步骤。

（1）确定评价对象、评价类型。

（2）明确评价目标、评价内容。

（3）制定评价指标。

（4）实施评价、搜集评价资料。

（5）处理评价资料。

（6）作出评价结论。

（7）制定改善对策。

这七大步骤是按照顺序进行的，是具有连续性的，缺少了其中任何一个，教学评价都很难完成。并且，完成这七大步骤后，评价会在更高目标层次上进行循环。

（四）教学评价的作用

教学评价是信息反馈的重要手段，其可以帮助教师和学生有效监控教学情况和学习过程。可见，教学评价对于教师和学生来说都有着重大意义。下面就从教师和学生两个层面分析教学评价的意义。

1．对教师的作用

对于教师来说，教学评价对克服教学的盲目性、增强教学的科学性、追求有效的教学行为、减少无效的教学行为、提高教学效率和质量等有着举足轻重的作用。总的来说，主要体现在如下四点。

（1）及时获取反馈信息，适时调整教学计划。对于具体的教学过程来说，及时获取反馈信息对于教师来说至关重要。例如，当教师讲解完某一篇章或者语法点时，学生的眼神或者表情就是对教师的反馈。如果大部分学生表情淡定，说明对教师讲解的知识已经有了基本掌握；如果大部分学生表情凝重，说明对教师讲解的知识还不甚了解。

再如，学生在练习中的正确与错误程度也为教师提供了反馈，如果学生的正确率高，说明他们已经基本上掌握了教师课上所讲解的内容，因此需要进入下一单元或知识点的讲授；如果学生的错误率较高，说明他们对教师课上的内容没有很好的把握，需要重新讲解。

可见，及时、全面的反馈对于教师来说非常重要。根据反馈信息，教师可以调整教学计划、有针对性地安排教学活动，提高教学的有效性。

（2）拉近师生距离，优化教学环境。在教学评价中，教师会让学生发表意见，这样师生之间就可以进行交流，了解彼此，从而改善师生关系，增进师生之间的情感。

另外，师生之间的关系改进能够进一步促使他们相互鼓励和支持，营造一个和谐、宽松、活泼、民主的教学气氛，而这样的教学气氛也必然会消除学生的紧张情绪，激发学生的积极性。

（3）充实教学经验，增强教学技艺。教师的教学意识、教师行为对教学的质量有直接的影响。教学行为越有效，那么教学效果也就会越好。但是，要想增加有效的教学行为，使无效的教学行为不断减少，首先就需要教师具备有效的教学手段和丰富的教学经验。而教学评价是帮助教师改进自己的教学手段、丰富自己的教学经验的有效途径。例如，通过学生的评价和教师自评，教师可以发现自己的缺点，明确教学的重点和非重点，从各个层面吸取教学经验，改进教学质量。

（4）为教师的科学研究提供材料。教师的工作不仅仅是认真完成教学就可以了，还需要教师认真地做学问，也就是搞科研。如果教师只进行教学，而不进行研究，那么他们的教学工作就会缺乏根基，教学水平也很难向前。教学评价就是教师进行教学研究、提升自我的突破口，通过连续不断的教学评价，教师对自己的教学情况与学生的学习情况有了一个清晰的了解，并不断积累大量与教学相关的积极因素，为教学研究提供丰富的理论依据，从而指导新一轮的教学工作。

2．对学生的作用

对于学生而言，教学评价有助于学生发现自己的不足、了解自己的学习过程，从而改善自己的学习情况，促进自身的进步。总体来说，教学评价对学生的意义可以从以下三点理解。

（1）发现自己的不足，及时进行改进。通过教学评价，学生可以发现自己的不足，进而对自己的学习情况进行分析，调整学习计划和学习策略，改正自己不良的学习习惯，提高学习效率，使自己成为真正的学生。

（2）了解学习过程，积极主动学习。学生在学习的过程中，往往会将注意力集中于学习结果上，却严重忽视了学习过程。事实上，学习过程要比学习结果重要很多。无论任何事情，如果没有过程，就不会有结果，即过程往往对结果起决定作用。而有效的教学评价可以将学生的注意力转向学习过程中，引导学生对自己的学习过程有一个基本的了解。一旦学生了解了自己的学习过程，那么就会积极地投入自己的学习中，并能够监控自己的学习过程。

（3）了解自己的进步，获得成就感。教学评价使学习过程变成了可视的事物，通过对学习过程的审视，学生可以清晰地看清自己的进步及学习轨迹，这样学生就能够获得一种成就感、满足感和自豪感，进而学习信心逐步增强，学习的动力和积极性也会不断提高。

二、大学英语教学评价的原则

原则是规律的反映，教学评价原则反映的是大学英语教学评价的规律。要想对大学英语教学评价有一个真正的把握，还需要掌握一定的教学评价原则。根据这些评价原则来制定评价手段和方法，才能与教学评价规律相符合，才能与教学规律相符合。可见，大学英语教学评价原则有着重要的现实意义。

（一）真实性与激励性原则

真实性与激励性原则是大学英语教师在评价学生时需要遵循的重要原则。所谓真实性原则，指的是教师在评价学生时要体现出学生的实际学习情况。激励性原则是指教学评价中应该发挥被评价者的积极性和主动性，从而提升教学质量。

1. 真实性原则

真实性原则要求对被评价者进行评价时，应与其真实的生活情境相结合。当然，真实性的评价离不开真实性的任务。所谓真实性的任务，是指在相关领域遇到的真实活动、真实表现与真实挑战。美国学者戈兰特·威金斯（Grant Wiggins）指出真实性评估具有以下特点。

（1）真实性的教学评价强调与真实的现实情境相符合，为学生呈现复杂的、不确定的问题情境及需要整合知识、技能才能完成的任务。也就是说，真实性的教学评价不仅要考查学生的知识积累程度，还考查学生的知识运用程度和能力。

（2）评估与日常教学相结合成为教与学的重要组成部分。在真实性评价中，评价由教师、学生、管理人员、研究者等参与。

学生不单单是被评估者，也是评估活动的积极参与者。

（3）在进行真实性评价之前，首先需要制定用来评价的“量规”或“检核表”。所谓“量规”是指一种界定清晰的、用来对学生的表现或作品进行评分或等级评定的评估工具。

（4）对于学生而言，评价包括两个方面：对学生的学习过程的评价和对学习结果的评价。评价使评价的两大功能——诊断与服务功能凸显出来，如为学生的学习提供反馈和指导，而不仅仅是为了选拔与区分。

2．激励性原则

《中共中央关于教育体制改革的决定》中就明确指出，“开展教学评价应该调动参与教学的教师、学生、管理人员等的积极性，发挥教学评价的激励性原则，反映教学评价的规律。”因此，教学评价中遵循激励性原则是必然的，那么该如何遵守这一原则呢？具体来说，可以从以下三点着手。

（1）使评价者与被评价者提高对教学评价的认识，使他们主动参与评价。

（2）教学评价必须客观、公正、全面，能够将优劣加以区分，对先进的个人予以表彰，使被评价者能够看到自己的进步，同时也能分析出自己的不足之处。

（3）制定评价指标时应与被评价者相适应，如果评价指标过高或者过低，都不利于被评价者的学习，也起不到激励作用。

（二）针对性与多维性原则

所谓针对性原则，即教学评价具有明确的针对性，其往往是针对教学中的具体问题进行的。所谓多维性原则，是指教学评价应从多个层面、多个角度、多种方式出发来对教学过程、教学成果进行评价。这两种原则同样是大学英语教师在评价过程中需要遵循的重要原则。

1．针对性原则

对于教师和学生而言，如果一堂课进行得非常顺利，师生之间也配合得更为默契，那么就需要进行教学评价，以帮助教师和学生总结经验，便于推广；如果一堂课进行得不顺利，出现了较多的问题，那么也需要进行教学评价，从而帮助教师和学生解决教与学的问题，便于今后解决这些问题。

此外，如果教师改变了教学方法，也需要进行教学评价，以确定该教学方法是否发挥了效果；如果学生积极性不高，也需要进行评价，以增添学生学习的自信心，活跃课堂气氛，扭转这一教学局面；如果某节课十分重要，也需要进行教学评价，以确定这一课的内容学生是否能够掌握。总之，教学评价具有极强的针对性，但是它针对的不是积累层面，而是过程层面；不是结论层面，而是诊断层面；不是总体层面，而是具体层面。

2．多维性原则

教学评价的多维性主要体现在如下三个层面。

（1）评价主体的多维性。评价主体的多维性要求评价主体不仅包含教师，还包含学生及教学之外的人员，如管理者或者研究者，从而确保教学主体的多维性及教学评价的客观性。

（2）评价内容的多维性。评价内容的多维性是指评价的内容需要涉及教学要素、教师水平、教学过程、教学结果、学生参与度等多个层面。当然，评价内容的多维性并不意味着每一次评价都包含上述层面，需要根据评价的目的来进行选择。

（3）评价方式的多维性。评价方式的多维性要求改变单一的评价方式，而采用多种评价手段，如学生自评、同学互评、观察法、成长记录袋法、专门调查法等。这些方法将会在下文中做重点阐述。

另外，评价方式既要重视客观、量化的评价方法，也要重视量化和质性评价相结合的方法，以质性评价统整量化评价。这是因为，量化评价可以将教学过程简化，而质性评价则会使教学过程得以丰富，并侧重教学过程的完整性与真实性。

（三）方向性与全面性原则

教学评价应遵循方向性原则，即在教学评价中应保证价值取向正确，这是实现教学评价有效性和可靠性的关键层面之一。所谓全面性原则，是指在确定评价标准并使用评价标准时要注重全面性。

1．方向性原则

如果教学评价与正确的价值取向不符，甚至发生偏离，那么教学评价的方向也就会严重偏离，就会使教学达不到预期的目的。遵循方向性原则，意味着评价设计者和教师要树立正确的价值观、评价观，对教学评价有一个清晰的认识，即教学评价关注的是教学过程中能否获得进步和发展；知识与技能、情感与价值观、过程与方法这三组目标是否满足了个人、社会的教育价值需要。

2．全面性原则

全面性原则是反映教学评价规律的一项重要原则。我国的教育方针、教学评价规律都决定着要注重评价的全面性。那么，如何在教学评价中贯彻全面性原则呢？主要可以从以下两点做起。

（1）教师在设计教学评价时，应该与教育方针相符合。我国当前的教育方针是使学生能够在德、智、体等层面都得到综合发展，因此教师在设计教学评价时，不仅要注重教书，还要注重育人。

（2）教师在设计教学评价时，应该遵循教学评价的规律，对各种评价手段的关系应该有一个恰当的处理，使教学评价不仅保持全面性，还保持客观性。

只有这样才能保证教学评价更合理，才能推动教学向前发展。

（四）差异性与客观性原则

教学评价遵循差异性原则，是因为每一位学生自身都具有鲜明的个体特征，即学生之间都存在着差异。教学评价的客观性原则是指评价中不能主观臆断，而应该实事求是，不能掺杂个人的感情。

1．**差异性原则**

受生活环境、家庭背景的影响，每一位学生都会有着自身的个体特征。在教学过程中，教师对不同的学生也会有不同的指导，这也导致学生的发展存在很大差异。因此，针对这一情况，在进行教学评价时需要遵循差异性原则。

在教学评价中，教师首先对不同学生存在的不同个性有一个基本的认可，并根据不同学生水平和需求来制订不同的学习计划，在这一基础上建立一种和谐、平等、尊重、理解的师生关系，也有利于构建良好的课堂教学氛围。在这样的教学氛围中，学生才能积极地发表自己的观点和见解，对于中等水平及以下的学生来说，教师需要不断地对他们进行鼓励，灵活地运用各种教学手段调动学生的主动性与积极性，从而提高学生的学习能力。

2．**客观性原则**

客观性原则是教学评价的重要原则之一。在各项教学工作中，教学评价具有很强的客观性。一般来说，评价是否具有客观性往往对教学效果产生直接的影响。如果评价是客观的，那么就有助于促进教学目标的实现；如果评价是不客观的，那么教学就会远离预定的目标。因此，教学评价中必须坚持客观性原则，即要求教学评价要根据一定的教学目标来确定评价的标准，并结合多种因素，考虑该标准是否能够得到人们的认可。评价的标准确定之后，任何人不得更改，这就能较好地体现客观性原则。

三、大学英语教学评价的方法

随着人们对教学评价研究的逐步深入，形成了多种教学评价的有效方法，如自评法、互评法、观察法、成长记录袋法、专门调查法等。大学英语教师在评价学生时可以根据不同的情况采用不同的评价方法，以取得评价效果的最大化。

（一）自评法

在形成性评价中，学生自我评价是一个重要的方法，体现了以学生为中心。通过学生自评，不仅学生能够发现自己学习中的问题，并寻找改进措施，而且教师也可以了解他们的学习态度和成果。

自我评价的内容包含学习过程、学习态度、学习手段、努力程度、学习优缺点、学习结果等。在自我评价中，教师需要做到两点：一是根据评价目的制作自我评价表，引导学生进行自我评价；二是通过与学生讨论自我评价的结果和过程，了解学生的学习态度。一般情况下，自我评价法往往采用自评表和自我学习监控表两种工具。

1．自评表

自评表对于教学评价的效率来说至关重要，而且操作起来也非常省时、方便。一般来说，教师可以选择在课堂结束之后发给学生，让学生对自己本堂课的学习进行自评。表6-1是针对大学英语阅读课堂中阅读方法的使用进行自评。

表6-1 阅读方法使用自评表示例

Self-evaluation Sheet Date：________ Name：_________			
Question	True	Partly true	No
I skimmed the story to first find what it is mainly about			
I was able to select a story I am interested in			
I then read the story carefully，interested in some of the details			
When I failed to guess out the words， I referred to the Chinese version for reference			

2．自我学习监控表

自我学习监控表是对学生学习过程进行监控的表格，在大学英语教学评价中有着十分重要的作用。具体包括如下几个步骤和注意事项。

（1）使用该表前，教师需要向学生介绍该表的用途和操作方式，便于学生认识和使用。

（2）在新单元学习之前，教师可以让学生从自己的实际情况出发，提前制定一个理想的目标，然后在活动栏中写上自己的预期任务。在之后的学习过程中，学生可根据这些任务和目标监控自己的学习进度。

（3）尽管在使用学习监控表时，完成预期目标和任务是学生的事情，但是教师也需要参与其中，需要时刻提醒学生对自己的目标和任务进行检查，为他们调整下一次的目标和任务给予指导意见。

表6-2 自我学习监控表示例

Name： _______ Data： ______Period： _______ （Topic title）			
Outcome	Activities completed	Possible points	Points earned
N—1			
N—2			
N—3			
N—4			

续表

GRADE KEY 99～100 points = A+ 95～98 points = A 93～94 points = A- 91～92 points = B+ 87～90 points = B 85～86 points = B- 83～84 points = C+ 79～82 points = C 77～78 points = C- 76 points = D+ 72～75 points = D 70～71 points = D-	Total points earned = Final unit grade =

（二）互评法

同学互评这一评价方式主要是通过学生之间的了解、合作和沟通来实现的。因此，在同学互评中，沟通和合作技能是非常重要的两个因素。这是因为不同学生的沟通能力与合作态度存在差异，再加上同学之间的信任程度也不同，因此进行同学互评还是需要一定条件的。在首次同学互评时，教师可以采取一定的办法辅助执行。

需要注意的是，同学互评需要遵循一定的原则。例如，在谈论自己的观点和发表评论时，学生不能进行主观臆断，应该有理有据。因此，教师可以同时让几个学生来评价一个学生，每个评价者都需要根据客观事实来写评语，且评语的重点应放在被评价者的优点和改进意见上。表6-3就是一个同学互评表。

表6-3 同学互评表示例

Setting Improvement Goals Your Name： Date ： Your Partner's Name：
Review your partner's work sample. ------------------------------ What do you think your partner did well? ------------------------------ What do you think your partner could make better? ------------------------

（三）观察法

观察法是形成性评价的一种重要方法。所谓观察法，是指通过有计划、有目的的观察来评定和记录学生日常学习中的表现，并对学生这一表现进行评价的方法。一般来说，观察的项目有很多，可以预先设定在表格中，也可以随着课堂的进行来摘取。同时，也可以将观察表格与成长记录袋放在一起，便于学生对自己的进步和平时情况有一个随时的了解。表6-4是一个日常观察记录表。日常观察记录表主要是由教师进行的，记录的内容主要涉及学生的日常学习活动的纪实，并且记录的时间也比较灵活，可以在学生学习活动之中进行，也可以在结束之后进行。

表6-4　日常观察记录表

	一听完就回答	认真思考后回答	点名后回答	怕说错话不敢答	能力低不能回答
彼得					
艾米					
贝拉					
露西					

（四）成长记录袋法

成长记录袋是个人在以往的社会实践中形成的完整的、确定的、清晰的信息记录形式。随着一个人的成长，记录袋的内容也会不断发生改变。也就是说，成长记录袋是见证个人成长的一种重要工具。

在大学英语教学评价中，成长记录袋也发挥着重要作用，是一个记录学生成长、课堂变化的工具。另外，成长记录袋往往具有不确定性，因为记录内容会随着学生学习情况的改变而发生变化。这些记录材料不仅仅记录了学生的进步，还记录了学生的退步、成长以及学习过程。在这一评价中。学生处于中心地位，是积极的策划者和参与者，而教师主要起指导作用。

一般来讲，成长记录袋包含以下几个层面的内容。

（1）对学生入学情况的记录。

（2）对学生日常学习表现的记录，如回答问题情况、注意力集中情况，这与观察法有着相交的地方。

（3）对平时作业的评定记录。

（4）教师、家长对学生行为的评语。

（5）平时与期中、期末测试的成绩记录。

（6）同学互评中，其他同学给予的建议。

表6-5是一个学生成长记录袋示例。

表6-5　学生成长记录袋示例

Student Name：________　Term/Semester/Year：________			
Item	Date	Entered by	Reasons for Inclusion

（五）专门调查法

专门调查法也是形成性评价的一种手段，它比观察法更为直接。其主要是为了调查学生的学习行为、学习活动、学习兴趣等，也是一种有效地收集数据的方法。但是，专门调查法一般具有针对性，其主要采取的评价工具有调查问卷和访谈或座谈。

调查问卷是向学生提出一系列的问题或情境，要求学生回答问题，从而获取信息的评价手段。访谈或座谈是教师通过与学生进行面对面交谈来获取信息的评价手段。

下面以学生对听说课的反应为例进行说明。

（1）Which speaking，listening activities did you participate in this week?

（2）In which speaking activities would you like to learn to do better?

（3）Which did you enjoy? Why?

（4）Which did you dislike? Why?

第二节　大学英语思辨能力的评价

思辨能力的评价已经引起越来越多的学者的关注和研究，学者们希望把自己的研究成果运用到大学英语教学中，从而提升大学生的思辨能力。

一、思辨能力评价研究

我国学者孙有中在研究思辨能力的研究过程中发现，从思辨能力培养的角度来看，国内专业知识测评呈现三个方面的重大问题：其一，评测形式非常单一；其二，评测的内容比较浅显；其三，评测标准含糊不定。对于我国英语教学的传统评价体系而言，最大的缺陷就是评价方式非常单一，在以培养大学生语言技能为中心的理念指导下，评价内容往往重视语言知识而轻视能力，评估的形式也是重视结果而轻视过程，将语言技能评价作为教学评价的核心和全部内容，从而导致英语专业的大学生思辨能力十分低下，在很大程度上影响了英语教育的整体发展进程。

对于上述问题，众多的专家、学者们都提出了自己的意见和看法。有的学者从宏观角度针对大学生思辨能力的评价提出了具有指导性的看法；有的学者从自己所讲授的课程入手，提出了具有操作性、可行性的评测方式。

学者韩宝成就提出了“基于内容的思辨能力考试”，将语言、内容以及思维结合在一起。他还指出，在设计考试形式的过程中需要结合内容来进行，如果是与文学作品相关的内容，就可以设计成赏析文学作品的测评形式或分析文学作品的写作手法、解读文本等；如果是与历史主题相关的内容，可采用文件分析（document analysis）的评价形式。

学者彭青龙主张将英语语言水平的测试与倾向性能力测试相结合，重点考查大学生的逻辑思维能力，同时也要评测他们的语言知识水平；在测评方式上，他建议将过程性评价与终结性评价二者有机结合起来。

学者李莉文研究了大学生写作测评方式与思维能力培养之间所具有的密切关系。她提出应该重视课堂写作评价所具有的重要作用，因为与限时性写作测试相比较，课堂写作评价可以更加有效地激发大学生对写作的学习热情，而且大学生还拥有充分的反思以及修改时间，从而有利于更快地养成思辨能力。

学者建明研究了文学课的测试，他建议文学测试应该与其教学的任务与目的紧密结合，换言之，就是应以文学课教学目的以及任务为依据来测试文学课程。他还提出，测试其实只是学习导向的一种杠杆，核心和重点还在于教学的内容与方法，并建议教师在教学过程中应该将文学审美、鉴赏以及思辨能力结合起来，综合评测学生的审美与鉴赏能力。

如果想要研究以思辨能力培养为导向的评价方式，那么就需要首先了解思辨能力、教师想要评价的思辨能力包括哪些？教师如何在有效的平台上激发大学生的思辨能力，从而为教师的评价提供可分析的材料？关于思辨能力，在本书第二章已经进行了详细介绍，此处就不再赘述。

结合当前英语教学中大学生思辨能力缺乏的现状，英语教师需要将教学的重心转移到对大学生高层次思维能力的培养上，重点评价学生思辨能力的水平，掌握他们的应用、分析、评价以及创造能力。教师可以调整教学的相关内容以及改变教学方式，为大学生提供一个可以让他们充分展示自己思辨能力的平台，如安排大学生开展演讲活动、辩论活动、专题讨论活动、表演活动、模拟法庭活动等，通过这些活动的开展，教师可以有效观察大学生的活动表现，从而积累可以评价他们思辨能力的材料，然后根据相关标准给出科学、合理、客观的评价，从而在根本上提升大学生的思辨能力。

二、思辨能力的评价方式

思辨能力的培养与获取语言技能的过程是动态的、建构的，在此过程中教师可以获取足够的材料用来评价大学生的思辨、学习能力。通过上述过程，教师可以观察、分析、记载以及评估在平时无法通过试卷来测试的内容，从而为获取真实的测评结果提供充分保障。

事实上，教师对大学生的测评也是一个建构的过程，不能仅通过期中或期末考试这种简单的测试形式来看待他们的成绩，这显然是不合理的。在教学过程中，教师对大学生思辨能力的测评应该贯穿于教学的每一个环节中。具体而言，教师可通过演讲评价、专题研究评价、课堂活动评价、写作评价这四种方式来评价大学生的思辨能力。

（一）演讲评价

英语教学中的课文内容涉及面非常广泛，包括政治、社会、经济、文学、哲学、语言、教育等多领域中的名家作品，其表现出深刻的思想内涵和哲理性。教师在授课过程中可以适当引导学生挖掘课文的主题，将其与现实生活中的一些现象结合起来，同时融入自己的看法，进而通过演讲的方式表述出来。

演讲既是一门学问，更是一门艺术。演讲的本质是交流，这种交流活动离不开演讲者和听众的共同参与和积极配合。而英语演讲，就是演讲者借助英语语言进行的和听众之间的互动交流活动。众所周知，演讲过程离不开逻辑与思维的建构，作为一种典型的语言表达活动，演讲不仅包括语言表达，更含有逻辑上的思辨。不管是演讲话题的选择、演讲内容的划定，还是在结束后的问答过程中，其都通过现场的形式展现了学生的思维习惯以及逻辑能力。

教师通过分析学生在演讲中所表达的观点与看法，以及对一些似是而非的说法的判断等，可以了解学生所具有的解读、分析、评价问题的能力，还可以通过学生在演讲过程中所体现的谋篇布局的方式了解其思路是否清晰，逻辑是否严密等。另外，学生在演讲过程中偶尔迸发的思想火花可体现出他们所具有的创造性思维能力。可见，演讲评价是一种行之有效的思辨能力评价方式。

（二）专题研讨评价

专题研究是以学生为主、师生共同讨论问题的一种研究评价方式。该方式强调师生、生生之间的互动过程，核心就是针对某一个专题展开深入挖掘和研究，主要目的在于培养学生积极探索的求知精神，养成独立思考以及解决问题的能力。专题研究的开展需要教师为学生创造一个自由、宽松、平等的环境，将学生的紧张、焦虑情绪降到最低，促使他们畅所欲言、自由发表观点和看法，将真实自我展现出来。

专题研究不仅是一种十分有效的教学组织手段，而且也是学生培养自主学习能力的一种途径，同时还可以作为评价大学生思辨能力的一种载体。通过教师组织专题研究，学生们可以围绕研究的主题内容提出自己的问题，进而针对问题展开讨论，在大家积极提问和辩论过程中，教师可以观察每位学生所具有的语言表达能力以及逻辑思维能力。通过记载每位学生在专题研究中的表现，教师可以合理评价他们所具有的语言技能、研究能力、思辨能力、合作能力等方面的表现。

（三）课堂活动评价

课堂活动评价通常被认为是形成性评价中的一种。作为教学十分重要的环节，课堂活动是教师展开评价行为的重要方面。安排合理的教学活动不仅可以表现出学生所具有的语言能力，同时还可以准确体现出他们自身的思辨能力、组织和参与活动的能力。因此，教师在教学过程中可以围绕语言技能以及思辨能力两个方面来认真设计教学活动，通过教学活动对学生的语言能力和思辨能力展开动态性评价。

需要说明的是，教师采用课堂活动评价方式时，需要将评价内容与具体的活动类型相结合，在此基础上评价学生的综合能力。课堂活动的方式是多种多样的，如辩论、模拟课堂、话剧、短剧等。在课堂活动中，评价的主体不仅可以是教师，还可以是学生，即生生之间展开同伴互评，如此一来学生可以在评价同伴时了解评价的标准以及内容，进而反思自己在活动中的表现。例如，教师可以根据《震惊世界的猴子审判》这一主题来设计一场辩论活动，让学生针对宗教与科学的关系展开辩论。教师则通过学生在辩论活动中的表现来动态地考查他们所表现出的语言运用能力，查阅、分析、归纳文献的能力，提出问题的能力，逻辑批判能力等。这一课堂活动不仅可以让学生了解到自身的不足以及与预期目标的差距，而且还可以帮助教师针对学生不同的情况来重新调整教学内容，从而有效提高教学质量。

（四）写作评价

英语写作过程中伴随着高难度的思维活动，从一开始的谋篇布局到最后的检查修改都离不开思辨能力。从这一角度而言，写作是检验思辨能力的最佳途径之一。在英语写作教学中，常见的写作评价包括以下三个步骤。

第一步：教师为学生布置作文，或者学生自己选择题目来写。

第二步：教师在规定时间结束后将学生所写的作文收回并批改，主要针对学生作文中的语言错误，并且根据“用语是否准确、语言是否有逻辑”等标准给出成绩。

第三步：将作文分发给学生，让学生对作文进行反思和修改。

上述写作评价的侧重点主要是语言能力，完全无视学生思考问题的出发点、对论据以及观点的反思与质疑等，只重形式而轻视内容，无法对学生的思辨能力作出准确、客观的评价。

学者李莉文提出，在写作评价时应该增加与思辨性相关的测试题型，改变当前英语写作教学的评价方式，这是考查学生思辨能力的前提条件。她提出了应该在英语写作测试题型中融入七种思辨能力的考查，从易到难分别为命题作文、写摘要、阅读反馈、反驳他人观点、识别逻辑错误、综述、评价。命题作文和写摘要属于传统的测试题型，由于其标准相对固定，阅卷比较容易，因而使用非常普遍，而其他五种则属于读写结合的材料作文。

由于英语教学的宗旨是提高大学生的语言综合技能，因而教师可以布置一些读写结合的材料作文来评价学生的思辨能力。阅读作为一种有目的的语言输入过程，让他们积极识别、质疑、反驳、比较、澄清、阐释材料中的信息，充分吸收材料中的有用内容，为之后的写作输出打下基础。因此，材料作文不仅能够考查学生的阅读理解能力、语言应用能力，而且还可以考查他们更高层次的思辨能力，如“识别、比较、质疑、阐释、评价和创造”等。

总之，上述四种评价方式都是以英语的教学内容与组织方式为基础，教师是评价的主体。当然，也可以通过更换其他评价主体来展开多元化、立体式的评价，促进评价的主体、客体在评价过程中彼此学习、共同发展。

参考文献

[1]国家中长期教育改革和发展规划纲要（2010—2020年）[M]．北京：人民出版社，2010.

[2]胡春洞．英语教学法[M]．北京：高等教育出版社，2012.

[3]许智坚．多媒体外语教学理论与方法[M]．厦门：厦门大学出版社，2010.

[4]何广铿．英语教学法教程：理论与实践[M]．广州：暨南大学出版社，2011.

[5]蔡基刚．关于我国大学英语教学重新定位的思考[J]．外语教学与研究，2010，(4)：306-310.

[6]德雷克·博克著，侯定凯等译.回归大学之道——对美国大学本科教育的反思和展望[M].上海：华东师范大学出版社，2006.

[7]康莉.跨文化视角下的大学英语教学：困境与突破[M].北京：中国社会科学出版社，2014.

[8]高等学校外语专业教学指导委员会英语组．高等学校英语专业英语教学大纲[M]．北京：外语教学与研究出版社，2000.

[9]林青．在大学英语教学中引入新闻英语对提高学生思辨能力的实证研究[D]．漳州：闽南师范大学，2014.

[10]罗毅，蔡慧萍．英语课堂教学策略与研究方法[M]．武汉：华中科技大学出版社，2011.

[11]何少庆．英语教学策略理论与实践运用[M]．杭州：浙江大学出版社，2010.

[12]严明．跨文化交际理论研究[M]．哈尔滨：黑龙江大学出版社，2009.

[13]同文培．全球化语境下的中西文化及语言对比[M]．北京：科学出版社，2007.

[14]闫文培．全球化语境下的中西文化及语言对比[M]．北京：科学出版社，2007.

[15]严明．跨文化交际理论研究[M]．哈尔滨：黑龙江大学出版社，2009.

[16]魏朝夕．大学英语文化主体教学探索与实践[M]．北京：中国农业科学技术出版社，2010.

[17]金惠康．跨文化交际翻译续编[M]．北京：中国对外翻译出版公司，2003.

[18]汪燕华．高级英语教学中学生思辨能力的评价[J]．湖北经济学院学报，2016，(4)：211-215.

[19]胡壮麟．语言学教程（第3版）[M]．北京：北京大学出版社，2007.

[20]蔡基刚．中国大学英语教学路在何方[M]．上海：上海交通大学出版社，2012.

[21]曹诗图等．旅游文化与审美[M]．武汉：武汉大学出版社，2010.

[22陈坚林．计算机网络与外语课程的整合项基于大学英语教学改革的研究[M]．上海：上海外语教育出版社，2010.

[23]陈坤林，何强．中西文化比较[M]．北京：国防工业出版社，2012.

[24]杜秀莲．英语教学改革新问题新策略[M]．济南：山东出版社，2011．
[25]樊永仙．英语教学理论探讨与实践应用[M]．北京：冶金工业出版社，2009．
[26]郭剑晶．ESP教学研究[M]．北京：知识产权出版社，2012．
[27]何广铿．英语教学法教程：理论与实践[M]．广州：暨南大学出版社，2011．
[28]何少庆．英语教学策略理论与实践运用[M]．杭州：浙江大学出版社，2010．
[29]胡春洞．英语教学法[M]．北京：高等教育出版社，2012．
[30]胡壮麟．语言学教程（第3版）[M]．北京：北京大学出版社，2007．
[31]剧锦霞，倪娜，于晓红．大学英语教学法新论[M]．北京：中国书籍出版社，2013．
[32]康莉．跨文化视角下的大学英语教学：困境与突破[M]．北京：中国社会科学出版社，2014．
[33]李森，张家军，王天平．有效教学新论[M]．广州：广州教育出版社，2010．
[34]林新事．英语课程与教学研究[M]．杭州：浙江大学出版社，2008．
[35]卢桂荣．大学英语教学研究——基于ESP理论与实践[M]．北京：光明日报出版社，2013．
[36]鲁子问，康淑敏．英语教学方法与策略[M]．上海：华东师范大学出版社，2008．
[37]鲁子问．英语教学论（第2版）[M]．上海：华东师范大学出版社，2009．
[38]罗毅，蔡慧萍．英语课堂教学策略与研究方法[M]．武汉：华中科技大学出版社，2011．
[39]国家中长期教育改革和发展规划纲要（2010—2020年）[M]．北京：人民出版社，2010．
[40]汪榕培，王之江．英语词汇学[M]．上海：上海外语教育出版社，2008．
[41]王凡，王金宝，赵慧敏．跨文化交际与当代英语教学[M]．长春：吉林大学出版社，2015．
[42]魏朝夕．大学英语文化主题教学探索与实践[M]．北京：中国农业科学技术出版社，2010．
[43]魏海波．实用英语翻译[M]．武汉：武汉理工大学出版社．2009．
[44]文秋芳．中国外语类大学思辨能力现状研究[M]．北京：外语教学与研究出版社，2012．
[45]吴为善，严慧仙．跨文化交际概论[M]．北京：商务印书馆，2009．
[46]夏纪梅．现代外语课程设计理论与实践[M]．上海：上海外语教育出版社，2010．
[47]徐义云．大学英语写作教程[M]．北京：清华大学出版社，2012．